P31 Workbook

P31

성경대로
비즈니스하기
워크북

WorkBook

하형록 지음

국제제자훈련원

P31

CONTENTS

LEVEL 1 성경적 기업 이해하기

추천사

제가 저자인 하형록 목사님을 알게 된 일에 대해서는 〈P31-성경대로 비즈니스 하기〉두란노, 이하 〈P31〉에서 자세히 밝혀드렸습니다. 그것은 그 과정이 하나님이 하셨다고 할 수밖에 없을 정도로 너무나 극적이었기 때문입니다. 그런데 잠언 31장을 기반으로 하는 하형록 목사님의 경영 철학이 담긴 〈P31〉이 출간된 후 반응이 가히 폭발적이어서 놀랐습니다.

그것은 이 책의 내용이 너무나 좋았기 때문이지만, 그것만으로는 이 책에 대한 반응을 설명하기에 뭔가 부족했습니다. 이 책의 내용은 그동안 한국의 그리스도인들이 주로 읽었던 기독 실업인들의 책과는 많이 달랐기 때문입니다. 어떻게 보면 너무나 단순하고 또 상당히 부담스러운 내용이었습니다.

그런데도 한국의 그리스도인들이 이 책에 뜨거운 반응을 보여준 것은 한국 교회가 변화되어 가고 있음을 보여주는 증거였습니다. 이제는 교회에 열심히 다니고 헌금 많이 하면 하나님께서 사업에 복을 주신다는 수준의 믿음에서 벗어나고 있음을 알 수 있습니다.

그래서 'P31 비즈니스에 관심을 보이고 같은 방식으로 사업을 하고, 직장생활을 하기를 원하는 이들이 많이 생겼습니다. 문제는 'P3 비즈니스'를 실제 자신의 비즈니스 현장에 어떻게 적용하느냐 하는 것입니다. 한마디로 'P31 비즈니스를 시작하기 원하는 사람들과 청년들을 위해 비즈니스와 삶의 현장에서 적용 가능한 교재의 필요성이 생긴 것입니다.

그래서 〈P31〉이 출간된 후 'P31 비즈니스'에 대하여 연구도 하고 훈련도 했던 많은 교회와 여러 실업인들의 모임에서 목회자와 수많은 중견 사업가와 청년 사업가, 전문 작가 들의 공동작업으로 〈P31 워크북〉이 출간된 것입니다. 'P31 비즈니스' 경영원칙을 거울삼아 현재 기업 경영과 직장생활을 스스로 진단하기 원하는 개인과 교회, 실업인 모임이 있다면 이 워크북이 너무나 좋은 훈련서가 될 것입니다.

유기성 선한목자교회 담임목사

19세기 영국의 낭만파 시인 바이런이 읊조린 "하룻밤 자고 나니 유명해져 있더라" I awoke one morning and found myself famous라는 말은 〈P31〉의 저자에게도 해당되는 말이다. 그의 말대로 이 책이 발간된 이후, 저자가 소년기 나환자촌에서의 성장, 중년기 생명을 위협한 육체의 질병, 그리고 줄곧 따라온 만만찮은 기업 환경 등 갖가지 어둡고 긴 인생의 터널을 지나오는 데 60년 가까운 세월이 걸렸는데, 한국과 미국에서 저명인사가 되는 데에는 불과 반년으로 충분했다.

〈P31〉이 출간된 이후, 저자처럼 하나님의 방식대로 기업 운영을 해야겠다는 신령한 깨달음이 기업인들에게서 일어났고, 현재 서 있는 직업의 현장에서 하나님의 원리에 따라 일해야 하겠다는 거룩한 용기가 직장인들 가운데서 생겨났으며, 더 나아가 나를 세우실 바로 그 자리에서 하나님의 주권을 인정하고 하나님의 영광을 선포하겠다는 일터 선교사의 비전이 청년들 사이에서 싹트게 되었다. 말하자면 〈P31〉에 나타난 성경적 삶의 원칙과 신앙적 일의 방식이 사람들의 마음에 감동을 주고, 그들의 가슴에 열정을 불붙게 하고, 그들의 길에 희망을 던진 것이었다. 그것은 무엇보다 저자가 이 책에서 기업의 이윤이나 성공을 논한 것이 아니라, 하나님의 백성이 기업을 할 때 어떤 원칙으로 할 것인지에 대해 잠언 31장에 나온 성경적 원리를 그대로 제시했기 때문일 것이다.

실로 우리가 이 책을 넘기다 보면 온통 하나님에 관한 얘기로 가득 차 있음을 볼 수 있다. 저자는 책의 대주제와 소제목에서 거의 빠지지 않고 하나님을 언급하고 있으며, 그리고 거의 모든 단락에서 하나님 이야기를 빠지지 않고 하고 있다. 이 책에서 저자는 하나님을 말하고 우리는 하나님을 만나는 것이다. 그리고 보니 가히 본서는 하나님의 주권과 영광을 주창함에 있어 캘빈의 〈기독교 강요〉 같고, 자신의 삶과 회사 운영에서 하나님께서 어떻게 역사해왔음을 진솔하게 고백하고 있다는 점에서 어거스틴의 〈고백록〉과 방불하다. 말하자면 이 책은 세상의 모든 영역에서의 하나님의 우주적 주권과 유일한 목표로서의 하나님의 영광을 선포하는 철저한 개혁주의적인 신학서요, 일터 선교workplace mission를 통하여 모든 기업인과 직장인을 바로 그들이 서 있는 그 장소에서 복음전도자로 세우는 놀랍고도 새로운 선교 이론서이며, 그리고 어떤 회사든지 성경적 원리대로 운영하고 하나님의 기업으로 만들면 반드시 의미 있게 성장한다는 것을 실증해 보여주는 기업 발전 전략서이다.

저자는 본래부터 '꿈꾸는 사람'이었지만, 〈P31〉이라는 저서를 출간하면서 더 원대한 꿈을 지니게 되었고, 이어서 이 〈P31 워크북〉을 내면서 이 꿈을 실제적으로 구현하게 되었다. 그것은 먼저 〈P31〉에 따라 성경대로 살고 성경대로 사업하는 P31er들을 훈련하자는 것이고, 나아가 6만여 한국교회가 매년 열 명의 준비된 자들을 배출하여 회사, 교육기관, 정부기관에 향후 십 년 동안 600만 명의 일터 선교사를 파송하자는 것이며, 그리고 이러한 사역을 통해 한국 사회를 변화시킬 뿐 아니라 유럽과 미국까지도 변화시키자는 꿈이다.

그의 이러한 비전은 바로 이 땅에 사는 모든 하나님 백성들의 꿈이요, 매년 백 명의 전문인 선교사를 전 세계에 파송하려는 '한국의 대표 기독교 대학, 세계의 명품 기독교 대학'인 우리 고신대학교의 꿈이며, 나아가 북한과 동북아지역을 뛰어넘어 온 열방을 가슴에 품는 한국 기독교의 꿈이다. 아니, 이것은 무엇보다 이 황무한 조국과 전 세계를 향한 하나님의 꿈일 것이다. 이제 이 책의 출간은 이러한 하나님의 꿈을 이루기 위한 의미 있는 한 걸음을 힘차게 내딛는 것이다. 우주에 첫발을 내딛던 닐 암스트롱은 이렇게 말했다.

That's one small step for a man, one giant leap for the Kingdom of God.

인간에겐 작은 한 걸음이나, 주님 나라를 위한 거대한 도약이다.

전광식 고신대학교 총장

저자는 나와는 동지적 소명을 가진 귀한 동역자요, 보냄 받은 일터 선교사에 대한 불굴의 비전을 공유한 그리스도 안에서의 형제다. 한계조차 막아설 수 없는 그의 꿈, 사람에 대한 깊고 따뜻함, 그리고 삶을 온전히 은혜로 여기는 그의 심장을 나는 사랑한다.

이 워크북은 저자가 누렸던 그 놀라운 삶에 우리를 접붙이는 책이다. 한 사람의 삶을 얇게 저며 날것 그대로 묶은 것이 〈P31〉이다. 장마다 저자의 살점이 생생하게 묻어나는 것도 이 때문이다. 〈P31〉은 어떤 이유로든 세상의 가치관에 짓눌린 독자의 마음을 뚫어주는 숨통이요, 오염된 생각을 태우는 화로火爐다. 이 책을 읽고 나면 저자가 대단하다는 생각을 넘어 나도 말씀대로 살아야겠다는 뜨거움이 목젖을 타고 내려간다. 그리고 동시대에 그처럼 비장하면서도 따뜻하고, 엄격하면서도 자애로운 삶을 생생하게 목도하고 호흡함으로 읽는 이를 한없이 고양시키는 것은 축복이다.

나에게 구식이냐 신식이냐 하는 기준은 중요하지 않다. 그것이 성경적인가 아닌가가 중요할 뿐이다.

나의 가슴을 강하게 때렸던 〈P31〉의 한 구절이다. 이렇게 말하기는 쉽지만, 이것을 일상에서, 특히 일터에서 그대로 실천하는 것은 얼마나 어려운가? 그러나 저자의 대담한 삶은 세상과 타협하지 않고, 오히려 성경대로 살 수 있음을 독자들에게 담보하고 있다.

더불어 〈P31 워크북〉은 늘 생각에만 갇혀있던 성경적 꿈을 개인의 삶에서 힘 있게 실천하도록 돕는 강력한 도구가 될 것이다. 저자의 꿈은 세상의 중력으로 주저하고 머뭇거리는 독

二

자들을 기어코 하나님의 사랑을 통하여 신앙의 정상에 올려놓는 것이다. 워크북은 우리를 대신하여 저자가 셰르파처럼 다시 한번 무거운 짐을 지는 해산의 수고라고 할 수 있다. 〈P31 워크북〉은 저자의 삶에 기초한 〈P31〉의 특별한 감동이 이제는 모든 독자들의 삶에서 일상화하는 축복의 문을 열어줄 것이다.

오정현 사랑의교회 담임목사

〈P31 워크북〉 출간을 진심으로 축하드립니다. 저자 하형록 회장은 믿음의 사람 성령의 사람 기도의 사람으로 전설적 삶을 살고 계시는 영적 거장이십니다. 아울러 성공적인 사업가로서 실질적으로 실천적 일터 사역자이기도 합니다. 주일이 중요한 것처럼 직장인들에게는 6일 동안도 똑같이 중요합니다. 일터가 신앙과 말씀이 녹아나는 현장이 되어야 합니다. 성경적 경영과 일터 사역이 많이 회자되고 있지만 구체적 실천 지침서나 하우 투(how to)에 목말라있는 현실에서 〈P31 워크북〉은 비즈니스맨들에게 지침이 되고 용기가 되고 출구가 될 것을 확신합니다. 이를 통해 일터 사역의 새로운 지평이 열리고 킹덤 컴퍼니들이 세워지며 600만 일터 선교사가 파송되는 축복이 있기를 바랍니다. 기독실업인들과 일터 사역자들에게 자신 있게 이 교재를 강추합니다.

두상달 한국CBMC 중앙회장

이 책에는 세상적인 가치가 아닌 하나님의 가치로 기업을 세워나가고, 세상적인 방법이 아닌 하나님의 방법대로 기업을 운영하는 하형록 목사님의 진실된 고백, 믿음의 열정이 담겨 있습니다. 세상적인 가치와 방법 속에 승리의 공식을 찾는 시대 속에 하나님의 가치와 방법으로 기적을 일구어내는 간증들이 여기 담겨 있습니다. 하나님의 뜻을 구하고, 말씀대로 기업을 운영하기 위해서는 강력한 믿음이 필요합니다. 왜냐하면 세상의 흐름과 정반대의 승부수를 띄워야 하기 때문입니다. 하나님을 붙들고 우직하게 나아갈 때 결국은 승리합니다. 그 기업을 하나님께서 복 주시고, 하나님께서 운영하십니다. 이 책에는 하나님의 기업은 어떤 기업이어야 하는지 그 노하우를 제시하고 있고, 하나님의 기업답게 운영하는 법이 무엇인지를 알려주고 있으며, 하나님의 기업으로 세상에 드러내는 당당함이 무엇인지를 자신 있게 소개하고 있습니다. 이 책을 통해 "하나님께서 세우시고 하나님께서 운영하시는 기업"들이 세속 사회 가운데 우뚝 서고 놀라운 영향력을 발휘하기를 소망합니다. 그리고 하나님 사랑, 이웃 사랑을 실천하고, 손에 쥐기 위해 노력하는 삶이 아닌, 손을 펴서 베풀기 위해 몸부림치는 기독 일꾼들의 승전보 소식이 곳곳에서 전해지기를 소망합니다.

김성중 장로회신학대학교 교수

나는 팀하스가 말씀을 기반으로 운영되는 하나님의 기업이라 생각한다. 이 워크북은 그 원리를 반영한 것으로써, 하나님의 뜻대로 경영하고 일하기를 소망하는 모든 이들에게 깨달음과 교훈을 줄 것이다. 청소년, 청년, 구직자, 창업 준비자, 사원, 임원진, CEO 누구든지 이 워크북을 통하여 자신과 기업을 되돌아보고, 성경을 기반으로 하는 경영의 기준을 잘 세워 나갈 수 있기를 기대한다.

임정택 '향기내는 사람들' 대표

나는 친인척을 포함해서 예수님을 단 한 명도 믿지 않는 가정에서 태어나 35세가 되던 2년 전 예수님을 영접하게 되었다. 이제는 크리스천으로서, 기업가로서 어떻게 살아야 하는가에 대한 막연한 질문에 책 〈P31〉은 정말 많은 답을 주었다. 그런 나에게 추천사를 써달라는 제안은 말도 안 되는 영광이다. 사실 하형록 목사님의 비즈니스 이야기는 내게 '정말 많은 도움을 받았다'고 말하는 정도로는 충분치 않다. 나의 삶을 온통 뒤흔들었다는 말이 더 정확할 것이다. 강연 영상을 반복하여 보고 친구들을 만나기만 하면 온통 〈P31〉에 관한 이야기뿐이다. 원래 정말 좋은 것은 말로 설명하기가 참 어렵다. 이 책도 그렇다. 굳이 기업가에게 국한되지 않는다. 이 책은 하나님을 믿지 않는 분에게는 하나님에 대한 오해를 풀 수 있는 계기가 되고, 믿는 분들에게는 구체적은 깨달음과 적용으로 삶에 큰 도움이 될 것을 확신한다. 모든 내용이 하나님의 말씀에 기초했기 때문이다. 이제 많은 사람들이 이 비즈니스를 현장에서 적용할 수 있도록 워크북이 나온다고 하니 바로 나를 위한 책이구나 하는 기대감에 설렌다.

김상현 국대떡볶이 대표

一一

저자의 말

저는 부산 용호동 나환자촌에서 목회 활동을 하셨던 아버지 밑에서 나고 자랐습니다. 13살 때 아버지 목사님을 따라 미국에 가게 되었지만…. 언제나 마음속으로 한국을 간절히 그리워했습니다. 미국에서 생활하는 내내, 제 또래의 여느 젊은이들처럼 조국에서 청춘을 보내 보지 못하고 어린 나이에 타국으로 가야 했던 것이 늘 못내 아쉬웠습니다. 대학교 때는 오륙도가 보이는 부산 앞바다가 그리워, 통기타를 들고 한국의 가요들을 즐겨 듣고 부르곤 했습니다. 특히 조용필의 '돌아와요 부산항에', 또는 '신라의 달밤' 같은 우리의 흘러간 옛 노래를 들을 때면, 저도 모르게 마음이 설레었습니다. 저로 하여금 한국적 정서를 그리워하게 만들었던 또 하나의 문화적 요소는, 바로 저의 아버지께서 설교 시간에 자주 인용하시던, 한센병 시인, 한하운 선생님의 '보리피리'라는 시였습니다.

> 보리피리 불며 봄 언덕
> 고향 그리워… 피 – ㄹ 닐니리….
> 보리피리 불며 꽃동산
> 어린 때 그리워… 피 – ㄹ 닐니리….

'보리피리'라는 노래는 두 가지의 아름다움을 연주, 즉 'make music' 하고 있습니다.

첫째, 시에서 묘사되고 있는 것처럼, 봄에 피는 보리, 그 보리의 싹이 나오기 전 보릿대를 꺾어 물면 '피-일' 하는 소리가 납니다. 나환자였던 한하운 시인은 그렇게 직접 보리피리로 음악을 연주, Make Music 했습니다. 그 피리로 '새 노래를 지어 여호와께 노래하고 능숙하게 연주하며 기쁨으로 외쳐라'라고 했던 성경 시편 33장 3절의 말씀처럼 연주한 것입니다. 우리도 이 시인처럼 주님으로부터 받은 각자의 보리피리를, 각자의 열정을, 각자의 재능을 아름다운 음악으로 승화시켜내는 그런 삶을 살아가야 합니다.

둘째, 한하운 시인은 17살 나이에 한센병 진단을 받고 일평생 고통스러운 삶을 살아야 했지만, 그 어려움 속에서도 결코 좌절하지 않고, 이웃을 위하여, 동료를 위하여, 그들의 마음을 달래는 수많은 아름다운 시들을 지었습니다. 그는 자기 비탄에 빠져 애통해하는 나환자의 삶을 살지 아니하고, 그의 삶 자체를 통해 연주하는 삶을 실천하였습니다. 하나님께서는 이처럼 우리의 삶 자체가 아름다운 음악이 되기를 원하십니다. 아플 때나, 즐거울 때나, 원통할 때나, 화가 치밀 때에도, 그 모든 순간순간들을 통해 우리가 주님의 향기를 전하는 그런 음악을 연주하는 것과 같은 삶을 살기 원하십니다.

이 워크북 출판을 준비하면서 저는 자신의 삶을 통해 'make music' 하는 과정을 몸소 보여주시고 그의 삶을 통해 아름다운 음악을 들려주셨던 저희 아버지를 떠올렸습니다. 저희 아버지는 6.25 때 학도병으로 참전하던 중, 대구 다부동 전쟁통속에서 주님을 만나셨습니다. 그리고 그것이 그에게 흥겨운 삶의 노래가 되었습니다. 하지만, 할아버지는 예수님을 믿는다는 이유로 아버지를 핍박하시고 심지어 전쟁 중에 집에서 쫓아내셨습니다.

그때 저희 아버지께서는 전쟁 중에 주님께 약속한 기도가 생각이 났습니다. "주님이 누구신지는 잘 모르지만 살려주시면 자신의 생을 주님께 드리겠노라고." 그 후 주님께 약속했던 기도를 생각하며 부산 고신 신학교에서 신학을 공부하던 중에, 모두가 기피했던 부산 용호동 나환자 제일 교회로 가셨고, 그곳에서 13년 동안 나환자들과 생활하며 몸소 주님의 사랑을 실천하셨습니다. 아버지께서 그곳으로 가겠다고 했을 때, 수많은 이들이 아버지를 만류하였습니다. 그때, 저희 아버지께서는 이렇게 답하셨습니다.

그들은 밖으로 문둥이지만
우리는 속으로 문둥이입니다.

나환자촌에서 오랜 시간 몸소 사랑을 실천한 아버지의 삶은, 많은 이들에게 하나님이 살아 계시다는, 주님이 항상 우리와 함께하신다는 확신의 노래가 되었습니다. 저희 아버지께서는 우리 모두를 위하여 make music 하셨습니다.

〈P31 워크북〉에서 말하는 사업과 삶은, 단지 방법이나 지식이 아닙니다. 직장과 비즈니스현장에서 얼마나 아름다운 음악을 만들어낼 수 있을까에 관한 이야기입니다. 시편의 저자는 우리의 삶이 한 편의 노래가 되어야 한다고 권합니다. 즉, 아름다운 음악 같은 삶이 되어야 한다는 것입니다.

주님께서는 우리의 삶이 이웃과 조화로운 하모니를 이루어내는, 아름다운 음악 같은 삶이 되기를 원하십니다. 사람들에게 우리의 삶을 통해 주님의 향기로운 노래를 만들어 보여줍시다. 이것이 바로 〈P31 워크북〉이 탄생한 이유입니다.

2017년 1월
저자 **하형록**

―
―

워크북이 세상에 나오기까지

〈P31〉출간 6개월, 놀라운 일이 벌어졌습니다. 〈P31〉의 이름으로 모인 곳마다 〈P31〉의 방법대로 사업을 하고, 회사에서 일하겠다는 사람들이 구름 떼처럼 모여들고 있습니다. 이 현상을 지켜본 많은 사람들이 성령님의 일하심을 감지하기 시작했습니다. 그렇습니다. 우리는 모두 〈P31〉이 성령의 바람을 타기 시작했다는 것을 믿습니다.

세상은 지금 교회 이외의 어떤 곳에서도 복음을 전할 수 없는 곳으로 변했습니다. 이런 상황 속에서 기독교의 뿌리이자 큰 기둥이었던 유럽과 미국의 교회들이 급속히 그 힘을 잃고 있습니다. 한국교회도 예외는 아닙니다. 머지않아 한국에서도 교회 밖 어디에서도 복음을 전할 수 없는 상황이 될 것입니다.

불안한 정치 상황과 침체일로의 경제 상황이 계속되면서 성도들의 신앙은 매 순간 시험대에 오를 수밖에 없고, 무엇보다 치열한 생존경쟁의 현장에서 살아가는 비즈니스맨들과 불확실한 미래로 불안해하는 청년들에게는 신앙과 삶은 별개의 세계로만 느껴질 때가 많습니다. 성경에서 약속하신 하나님의 은혜와 축복은 '나의 삶에서는 작동되지 않는' 고장 난 실행버튼과도 같이 느껴집니다.

—

15

그랬던 그들에게 새로운 도전이 다가왔습니다. 〈P31〉을 통해 그들은 그 어느 때보다도 큰 용기를 얻고 있습니다. 이제 한국의 많은 비즈니스맨들과 청년들이 '신앙과 비즈니스가 다르다', '신앙과 현실의 삶은 다르다'는 잘못된 생각에서 벗어나 '성경대로 살고, 성경대로 비즈니스 하며' 주님의 약속된 축복과 은혜를 세상에 나누는 세대가 될 수 있다는 희망을 갖게 되었습니다.

이에 저자 하형록 목사를 비롯해 수많은 교회와 고신대학교 미국 필라델피아의 Biblical Theological Seminary, 그리고 한국 CBMC 등 한국 교계와 비즈니스 지도자들은 성경대로 비즈니스 하는 〈P31er〉로 훈련하여 한국과 세계의 일터에 복음의 전도자, 복음의 증인으로 파송하기로 결정하였습니다.

〈P31 워크북〉은 바로 이 〈일터선교사〉 훈련을 위해 제작되었습니다. 이 워크북은 단순한 일회성 워크북이 아니라 일터 선교사 교육을 위한 정식 교육교재로 활용할 예정이며, 〈P31〉에서는 다루지 못했던, 보다 심층적인 사업 현장에서의 문제들을 말씀과 신앙으로 묻고 답할 수 있는 체계적이고 실질적인 교재입니다. 이 사역을 통해 한국의 기독 실업인과 청년들을 통해, 한국교회는 물론 유럽과 미국 등 전 세계 기독교인들을 향하신 하나님의 놀라운 사랑과 계획을 모두가 목도하게 되기를 믿음으로 기대합니다.

P31

일터 선교사 선언문

Statement of Declaration
as Marketplace Missionary

P31

일터 선교사 선언문

Statement of Declaration as Marketplace Missionary

우리의 목표 In our Purpose we declare that:

우리는 우리의 가정, 학교, 이웃, 일터, 그리고 땅 끝에 이르기까지 하나님께서 우리에게 주신 선교 사명을 실천해 나갈 것을 선서합니다. (마 28:19-20, 행 1:8)

We will fulfill the Great Commission in our homes, schools, neighborhoods, marketplaces and ultimately to the ends of the earth. (Matthew 28:19-20, Acts 1:8)

우리의 자세 In our Attitude, we declare:

우리는 온 마음을 다해 하나님을 사랑하고 우리의 이웃을 내 몸과 같이 사랑하라는 두 가지 사랑의 계명을 최우선으로 실천해 나갈 것을 선서합니다. (마 22:37-40)

That above all, we will seek to fulfill the two love commands (loving God with our whole being and loving others as ourselves), as we pour out our lives for the world. (Matthew 22:37-40)

우리는 이웃에게 다가갈 때 담대하지만, 겸손하고 온유한 태도로 할 것을 선서합니다.
(롬 1:16, 마 5:14-16)

To be unashamed, yet humble and gentle, in our approach to influence those around us. (Romans 1:16, Matthew 5:14-16)

우리는 '계획을 하지 않는 것이 나의 계획'이라는 마음으로, 매 순간 인간의 의지가 아닌, 하나님의 뜻에 의지하며 살아갈 것을 선서합니다. (요 3:8, 잠 16:3, 엡 5:18)

To live with a heart that says "my life plan is having no plan of my own making" but instead I am to yield, moment by moment, to the leading of the Holy Spirit. (John 3:8, Proverbs 16:3, 9, Ephesians 5:18)

우리는 진정한 희생이 참된 성공의 지름길임에 확신함을 선서합니다. (빌 2:9)

That true sacrifice is the way to success. (Philippians 2:9)

우리는 세상의 가치를 추구하지 않고, 하나님 나라의 상급을 바라는 신실한 선교사가 되기를 선서합니다. (마 6:19-21)

That we will not be motivated by the pursuit of wealth, but will seek to be faithful stewards of what God gives us to advance His Kingdom. (Matthew 6:19-21)

우리는 위의 내용들을 하나님께서 우리와 우리 이웃들의 삶에 주신 성령 충만의 음악으로 기쁘게 연주해갈 것을 선서합니다. (느 8:10, 시 57:7)

To do all the things above joyfully as God makes the music of the Holy Spirit in our lives and in the lives of others. (Nehemiah 8:10, Psalms 57:7)

우리의 실천방법 In our Strategy, we declare:

우리는 우리 삶의 전반에 걸쳐 사람들의 책망을 받지 않도록 최선을 다하고 진실된 삶을 살도록 권유하신 하나님의 말씀에 순종할 것을 선서합니다. (히 4:12, 잠 31:10)

Our obedience to the authority of Scripture, as we strive to be above reproach and to be people of integrity in all areas of our lives. (Hebrews 4:12, Proverbs 31:10)

우리는 함께 일하는 이들이 세속적 지위나 명예를 얻는 일에서 떠나 복음을 전파해갈 수 있도록 격려하고 도울 것을 선서합니다. (살전 5:11, 고후 2:15)

That we will encourage and support our colleagues, regardless of their position or title, to use their market-place influence to promote and uphold the values of the Gospel. (Thessalonians 5:11, Corinthians 2:15)

우리는 고객과 함께 일하는 이들이 참된 성공을 이룰 수 있도록 온 마음을 다해 도울 것을 선서합니다. (빌 2:3-4)

That we will seek the success of those around us in the workplace by looking out for their best interests. (Philippians 2:3-4)

우리는 우리의 일터에서 잠언 31장에 구현된 것과 같은 삶을 살아갈 것을 선서합니다.

To live out these truths in the marketplace as depicted in Proverbs 31.

P31

아멘

P31

P31 워크북
이렇게 활용 하세요!

기업과 일터의 큐티 교재로 활용하도록 제작되었습니다. 직장에서는 그룹별로 20주에 걸쳐 1주일에 하나의 키워드를 묵상하고 실천합니다. 하루에 30분씩 스텝별로 내용을 묵상하고 질문에 답을 하는 형식으로 주 3회 정도 큐티하는 것이 좋습니다. 먼저 기본 개념, 말씀 묵상, 비즈니스맨의 간증으로 이어지며 한층 심화되는 질문에 진지하게 답하고 기록하는 습관을 기릅니다. 이것은 막연하게만 알고 있던 '잠재적 오류'들을 정확하게 인식하고 주님 앞에 내어놓는 진정한 고백과 회개로 인도합니다. 3일째에는 성경적인 비즈니스와 일하는 자세를 실천하기 위한 다양한 방법을 함께 생각하고, 도전하도록 격려하며, 실천 후 변화와 감동을 나누는 기업문화를 통해, 나의 회사 안에, 나의 일터 안에 〈P31〉의 '성경적 비즈니스와 삶의 원리'를 심어갑니다.

1.Concept 기본개념

〈P31 비즈니스〉의 핵심개념을 20가지로 정리했습니다. 각 항목별 근간이 되는 성경말씀의 신학적, 어원적 근원을 설명하고 저자가 이 말씀을 사업에 어떻게 적용했는지 기본개념을 설명했습니다.

—

2.Step1. 2. 3 단계별질의응답

단계별 질문에 대해 답을 하면서 나의 비즈니스와 직장생활을 점검하고, 성경적 대안과 방향을 찾아갈 수 있도록 구성했습니다. 이를 위해 현장의 변화를 적극 이끌어내기 위한 다양한 대안을 요구하고 이를 실천한 내용을 기록하도록 했습니다. 이를 통해 변화되어가는 직장과 자신의 모습을 직접 확인할 수 있도록 했습니다.

3.Reference Bible 묵상말씀

〈P31〉비즈니스의 원리는 성경 전체에 나타난 하나님의 기업 경영원리와 같습니다. 그래서 각 단계별 내용과 관련된 다른 성경말씀을 묵상하면서 자칫 〈P31〉에 고정되기 쉬운 시각을 넓혀서 성경적 비즈니스 개념으로 확대하고 통찰하는 시각을 갖는 데 도움이 되도록 구성했습니다.

4.P31er's story P31비즈니스맨 스토리

이는 〈P31〉비즈니스 실천간증으로, 크리스천 기업인과 직장인들이 회사 경영과 직장생활에서 실천하면서 경험한 감동적이고 생생한 현장의 기록입니다. 나이와 성별, 직업별로 다양한 이들의 간증을 통해 〈P31〉비즈니스의 원리들이 실제 사업현장에서 어떤 변화를 가져오는지 알고 도전할 수 있도록 구성했습니다.

5.My P31 Workbook 나의 P31 비즈니스 일기

매 단계를 거칠 때마다 나의 비즈니스 현장 혹은 일터가 어떻게 바뀌었는지를 기록해나갑니다. 이 과정을 통해서 만들어진 20개의 다이어리는 세상식 비즈니스였던 나의 사업장과 나의 일터가 성경식 비즈니스 현장으로 변해가는 과정을 생생하게 기록한 기업사료가 될 수 있습니다.

* 〈P31 워크북〉은 〈P31〉(하형록 저/ 두란노, 이하 〈P31〉)과 함께 보시면 내용을 이해하는 데 도움이 됩니다.

Miami Design District Museum
Retail and Parking Garage, Miami, FL

칠흑같이 어두운 밤, 거친 바다를 항해하는 배에서 가장 중요한 것은 목적지의 좌표와 내비게이터입니다. 한치 앞도 예측할 수 없는 상황이라 해도, 그 배가 가야 할 목적지가 어디인지 안다면, 그리고 내비게이터가 제대로 작동한다면 그 배는 무사히 목적지에 닿아 닻을 내릴 수 있을 것입니다. 마찬가지로 혼탁하고 변화무쌍한 세상 가운데서 크리스천 비즈니스맨에게 가장 중요한 것은 방향성입니다.

〈P31 워크북〉 키워드 20가지는 크게 네 단락으로 나뉘는데 그 첫 번째인 Level 1은 〈P31비즈니스〉란 무엇인가를 이해하는 내용으로 구성되어 있습니다. 하나님의 기업이란 무엇인가, 성경적 비즈니스의 목적이 무엇이며, 어떤 원칙들을 가지고 회사를 운영하며 직장생활을 해야 할 것인가에 묵상하고 결단하며 실천함으로써 확고한 '방향성'을 찾아나갑니다.

Level 1

성경적 기업
이해하기

Navigating P31 Biblical Business

P31-1

고귀한 성품을 가진 회사

Be rare

Concept 기본개념

10절은 크리스천 비즈니스맨의 정체성을 이해하는 데 매우 기본적이고도 중요한 단어를 포함하고 있다. 그것은 바로 '고귀한 성품noble character'이라는 단어와 '아내 wife'라는 단어다. 우리가 잘 알다시피, 여기서 아내란, 예수님의 신부, 즉 성도를 뜻하며 바로 우리 비즈니스맨도 여기에 속한다. 그리고 고귀한 성품이란 바로 성도가 마땅히 가져야 성품, 즉 하나님을 경외하고 이웃을 내 몸과 같이 사랑하는, 예수님의 삶을 사는 것을 의미한다. 바로 이런 삶은 보석보다 더 귀하다고 하신 것이다. 이 말씀에 따르면 성도의 기업은 돈을 많이 벌고, 세상에 이름을 내기 위한 것이 아니라, 내 모든 것을 다하여 하나님을 사랑하고 내 이웃을 내 몸과 같이 사랑하는 것이 목표여야 한다. 그래서 팀하스TimHaahs 사에서는 입사하기 원하는 모든 사람에게 이 창립정신에 동의하고 실천할 것을 요구했다. 그렇게 20년간 이윤창출과 높은 성과를 위해서가 아니라 진심으로 '나의 이웃'인 동료와 고객, 그리고 내가 살고 있는 곳에서 만나는 어려운 이웃을 도우며 '고귀한 성품'을 가진 회사의 길을 걷고 있다.

누가 현숙한 아내를 얻겠느냐.
그녀는 진주보다 더 귀하다 (31:10)

A wife of noble character who can find?

She is worth far more than rubies.

Step1 스텝1

1. 본문에 나오는 아내, 즉 성도로서 가져야 할 고귀한 성품에 대해, 내 머릿속 생각을 글로 적어봅니다.

_____

_____

_____

_____

_____

_____

2. 〈P31〉의 저자는 고귀한 성품을 가진 성도다운 삶을 살기 위해 남을 돕는 비즈니스를 시작했습니다. 회사의 리더 또는 일원으로서 내가 중요하게 생각하는 가치는 무엇인지 적어봅니다.

_____

_____

_____

_____

_____

_____

Reference Bible

그가 우리를 위하여 목숨을 버리셨으니 우리가 이로써 사랑을 알고
우리도 형제들을 위하여 목숨을 버리는 것이 마땅하니라. 누가 이 세
상의 재물을 가지고 형제의 궁핍함을 보고도 도와줄 마음을 닫으면
하나님의 사랑이 어찌 그 속에 거하겠느냐. 자녀들아, 우리가 말과
혀로만 사랑하지 말고 행함과 진실함으로 하자

요일 3:16-18

그동안 성도의 고귀한 성품이 가장 드러나지 않은 영역이 비즈니스 현장이었다. 사업과 신앙은 다르다고 생각했고 세상에서 생존하려면 어쩔 수 없다고 생각해온 비즈니스맨이 많았다. 하지만 비즈니스 현장은 우리 삶의 핵심 현장 중의 하나이고 그곳에서 우리의 정체성을 드러낼 수 없다면 빛 된 소명을 실천할 수 없다. 그러므로 모두가 세상식으로 비즈니스를 하는 그 현장에서 우리는 고귀한 성품을 가진 성도다운 비즈니스를 해야만 한다. 이 말씀은 '재물을 가지고 형제의 궁핍함을 보고도 도와주지 않는 것'은 세상적인 것이며 '말과 혀로만 사랑하지 말고 행함과 진실함으로 하는 사랑'이 고귀한 성품을 가진 성도다운 비즈니스라고 말씀하고 있다.

Step2 스텝2

1. 현재 나의 사업체의 목적 혹은 철학은 고귀한 성품을 가진 자, 즉 성도인 우리의 존재 목적과 일치하는지 묵상해봅시다. 또는 동료나 가족, 멘토와 이점에 대해 함께 토론한뒤 이 질문에 답해봅니다.

_____

_____

_____

_____

_____

_____

2. 나의 사업체나 나의 직장생활이 고귀한 성품을 가진 성도답지 않다는 결론에 이르렀다면, 고귀한 성품을 가진 회사가 되기 위해 어떤 선택이 필요할지 생각해서 적은 뒤 실천에 옮겨봅니다.

_____

_____

_____

_____

_____

_____

_____

P31 비즈니스맨 스토리
P31er's story

　나는 미국 오렌지 카운티에 위치한 에너지 전문 기업인 Smart Whale Control,Inc
의 공동 대주주이자 대표이면서 오렌지카운티 상공회의소의 이사장을 맡고 있다. 3년
전에 방송 다큐를 통해 처음 본 하형록회장님을 우리 상공회의소 강연자로 초청한 것
은 지난 5월, 그때 비로소 그가 신실한 하나님의 사람이자 성경식 비즈니스를 하는 사
람이라는 사실을 처음 알았다. 무엇보다 잠언 31장을 기초로 한 사업정신에 깊은 감
동을 받았다. 그것은 내가 오랫동안 찾고 있던 이상적인 사업모델이었다. 나는 곧 우
리 회사의 다른 주주들에게 이 사실을 알리고 하회장님과 식사를 하면서 회사 운영
방식을 배우기를 청했다. 〈P31〉 책과 사업현장에서 일어난 일들을 통해 얻은 감동이
너무도 커서 이를 우리 회사에 적용하기 원하며 이를 위해 멘토링과 경영 노하우 등,
전폭적인 지원을 해줄 것을 요청했다. 물론 하회장님은 이를 흔쾌히 허락하셨고, 이후
우리는 〈P31〉을 읽으면서 이 정신을 공유하는 작업을 하고 있다. 또한 회사의 vision,
philosophy 등을 모두 바꾸고 홈페이지를 전면 개편하고 있다. 이와 동시에 회사 방침,
회사 운영 규칙을 만들기 위해 자료지원도 받기로 했다. 〈P31〉비즈니스는 우리에게 단
순히 성경적인 성공 노하우를 넘어서서 성도의 기업이 왜 존재해야 하는지를 알려주는
크리스천 사업의 중요한 모티브를 깨닫게 해주었다. 창업 2년째, 갈길을 찾고 있던 우리
에게 〈P31〉을 통해 '고귀한 성품'을 세상에 보이는 기업의 길을 보여주신 주님께 감사와
찬양을 돌린다.

—

Step3 스텝3

1. 〈P31〉저자에게는 세상식 삶에서 '고귀한 성품'을 가진 성도의 삶으로 돌이키게 된 결정적인 계기가 있었습니다. 나의 삶을 '고귀한 성품'을 가진 성도의 삶으로 돌이 킨 계기가 있었다면 나누어봅시다. 그 계기를 통해서 새롭게 결단한 것은 무엇이 있는지 적어봅니다.

_____

_____

_____

_____

_____

_____

2. 1번의 과정을 통해 새로운 결단을 하였음에도 불구하고 나의 결정이 지혜롭지 못 하여 실패를 거듭하는 경우가 상당히 많습니다. 만일 내가 지금 그런 상황이라고 생각된다면 묵상과 나눔을 통해 생각을 정리한 뒤 그 내용을 적어봅니다.

_____

_____

_____

_____

_____

_____

_____

_____

나의 P31 비즈니스 일기
My P31 Workbook

P31

저자와의 쉼터

언젠가 작은 딸 쥴리아나가 인도하는 젊은이 소
그룹에 참석했다. 16명의 청년이 참석했다. 나 역
시 청년들에게 조언이라도 해줄까 해서 참석했
다. 그런데 한 청년이 이렇게 말했다. "저희 모임
에 오셨으니 오늘은 목사님도 청년이에요." 그 말
을 듣는 순간, 나는 소속감을 느꼈다. 이 일기를
쓰고 있는 당신은 이미 〈P31 비즈니스맨〉이다.

P31-2

고객의 신뢰를 얻는 회사

Earn trust

Concept 기본개념

여기에 등장하는 남편은 흔히 신학적으로는 '하나님' 혹은 '예수님'으로 보지만, 비즈니스맨이 볼 때 '남편'은 클라이언트, 즉 고객이다. 그래서 이렇게 바꿀 수 있다.

'Our client has full confidence in us'

즉, 고객이 우리를 믿는다는 것인데 보통 신뢰하는 것이 아니라 'full confidence', 전적으로 신뢰한다는 것이다. 이 말씀은 신앙적으로 보면 신랑이신 예수님께서 신부인 교회를 끝까지 믿고 포기하지 않으신다는 뜻이며 거기엔 결코 부족함이 없다는 뜻이다. 바로 우리의 고객이 예수님이 당신의 교회를 사랑하고 믿는 것처럼 믿는다는 것이다. 하나님의 기업이라면 이런 회사가 되어야 한다. 그런데 어떻게 그런 회사가 될 수 있을까. 성경은 그 비결을 'lacks nothing of value'라고 말한다. 모자람이 없이 고객을 만족시켜주는 것이다. 먼저 고객이 만족할 수 있도록 우리가 가진 모든 것을 다하여 섬길 때, 신뢰를 얻게 되고 그 신뢰를 통해 기업도 성장할 수 있게 되는 것이다.

—
—

Step1 스텝1

1. 나에게 내 기대 이상으로 나를 깊이 신뢰해주는 고객이나 상사, 혹은 동료가 있다면 나는 어떻게 그런 신뢰를 얻게 되었는지 그 이유를 생각해서 적어봅니다. 모른다면 상대에게 그 이유를 물어봅니다.

_____

_____

_____

_____

_____

2. 반대로 나에게는 어떤 상황이든지 믿고 함께 일을 하고 싶은 회사나 동료, 혹은 후배가 있는지 생각해봅시다. 좋은 기회가 오면 그에게 먼저 주고 아무런 대가를 받지 않아도 기분이 좋은 상대가 있다면 그 이유는 무엇인지 적어봅니다.

_____

_____

_____

_____

_____

Reference Bible

오직 각 사람이 시험을 받는 것은 자기 욕심에 끌려 미혹됨이니, 욕심이 잉태한즉 죄를 낳고 죄가 장성한즉 사망을 낳느니라

약 1:14-15

오직 공의롭게 행하는 자, 정직히 말하는 자, 토색한 재물을 가증히 여기는 자, 손을 흔들어 뇌물을 받지 아니하는 자, 귀를 막아 피 흘리려는 꾀를 듣지 아니하는 자, 눈을 감아 악을 보지 아니하는 자 그는 높은 곳에 거하리니 견고한 바위가 그 요새가 되며 그의 양식은 공급되고 그의 물은 끊어지지 아니하리라

사 33:15-16

사도 야고보와 선지자 이사야의 이 말씀은 분명하고도 명쾌하게 욕심을 따라가는 자와 그 유혹을 피해 공의를 행하는 자의 삶이 어떻게 다른지 말해주고 있다. 우리가 유혹에 굴복할 때마다 하나님과 우리의 관계가 손상되듯이 고객이나 동료, 상사와의 관계도 손상된다. 하나님과의 관계에서도 사탄의 유혹이나 거짓, 자기 합리화 등이 문제가 되듯 고객과의 관계에서도 똑같은 현상이 일어난다. 왜냐면 사람은 영적인 존재이기 때문에 상대가 어떤 마음으로 자신을 대하는지 너무도 잘 알기 때문이다.

또한 흥미롭게도 자신이 속고 있는 것은 잘 몰라도, 진심으로 누군가가 자신을 섬겨주는 것을 모르는 사람은 없다. 그러므로 지금 당장 눈앞의 이익이나 편리함을 뒤로 하고, 최선을 다해서 주님을 섬기듯, 교회에 충성하듯 하나님이 내게 주신 동료와 고객을 섬겨서 감동시켜라. 그가 감동하면 그의 모든 관계와 능력, 재력으로 우리를 돕는다.

Step2 스텝2

1. 고객의 신뢰를 얻는 것만큼이나 동료나 상사, 후배들에게 신뢰를 받는 것도 중요합니다. 회사의 대표로서, 혹은 직원으로서 떳떳하지 못한 일을 한 적이 있다면, 무슨 일로 그랬는지, 그리고 그 일이 있은 후 직장생활이나 회사 경영상에 무슨 일이 있었는지 묵상하고 정리해봅니다.

_____

_____

_____

_____

_____

2. 직원이나, 동료의 태도나 말에서 정직하지 못하다고 느낄 때가 있습니다. 그래서 그에 대한 신뢰가 흔들릴 때, 나는 어떻게 대응했는지 적어봅니다. 만일 현재 그런 문제로 고민하고 있다면, 〈P31〉의 저자처럼 그와의 정상적인 관계를 회복하기 위해 내가 먼저 할 수 있는 최선의 방법을 생각해보고 실천한 뒤 결과를 적어봅니다.

_____

_____

_____

_____

_____

_____

_____

_____

P31er's story

나는 수익은 미미하지만 국내에서 몇 개의 회사를 운영하고 있는데 몇 개월 전부터 미국의 한 회사와 투자협상을 진행한 적이 있다. 그때 그 협상을 성공적으로 매듭짓기 위한 방법으로 우리 회사의 재무상태와 경영 현황을 좀 의도적으로 '부풀려서' 미국 회사에 전달했다. 그런데 하나님 앞에서 정직하지 못한 행동이라는 생각에 내내 마음이 편하지 못했다. 그래서 협상이 결렬될 각오를 하고, 미국 쪽 회사에 사실을 알리고 '우리 회사는 당신들의 기준에 부족한 회사이니 적당한 다른 투자처를 찾아보라'고 고백했다.

그런데 놀라운 일이 일어났다. 상대방 미국회사에서 '우리는 정직한 파트너를 찾고 있다. 당신은 우리에게 정직하기만 하면 된다'라는 회신과 함께 우리의 부족한 영역을 보완해주고 리스크를 낮추어주면서 적지 않은 자금까지 투자해주었다. 비즈니스 세계에서 정직하기란 참으로 어려운 것이 한국의 현실이다. 그럼에도 하나님을 두려워하고 정직을 실천하면 하나님의 선하신 도움으로 귀한 고객의 신뢰를 얻게 된다는 사실을 배우게 됐다.

Step3 스텝3

1. 평소에 나는 나의 만족과 고객의 만족 사이에서 누구의 만족을 더 우선시하는지 생각해보고 그 이유를 정리해봅니다.

_____

_____

_____

_____

_____

_____

_____

2. 나의 만족보다 고객의 만족을 더 중요시하고 나의 일시적인 손해와 어려움을 감수했던 경험이 있다면 그 이후 고객의 태도는 어떻게 변했는지 정리해봅니다.

_____

_____

_____

_____

_____

_____

_____

_____

_____

_____

나의 P31 비즈니스 일기
My P31 Workbook

P31

저자와의 쉼터

미국 캘리포니아에서 엄청난 금맥을 찾은 3명의 친구가 있었다. 이들은 비밀을 지키기로 하고 마을로 돌아가 장비를 챙긴 뒤 다시 모였다. 그런데 많은 사람들이 그들을 따라왔다. 3명은 굳게 입을 다물었지만 그들의 표정이 비밀을 말하고 있었던 것이다. 죄도, 정직도 숨길 수 없는 비밀과 같다. 죄는 우리를 어둡게, 정직은 우리를 빛나게 한다.

P31-3

상처를 주지 않는 회사

Be Kind

NOTE :

Concept 기본개념

보통 가까운 사이일수록 예의나 섬김에 소홀해지기 쉽다. 하지만 이 여인은 평생에 걸쳐 남편을 선대하고 상처를 주지 않은 것으로 주님께 칭찬을 받고 있다. 여기서 감동적인 단어는 바로 'all the days of her life' 즉 평생에 걸쳐서 한결같은 태도로 변함없이 대했다는 뜻이다. 기업도 고객에게 이러한 태도를 갖는 것이 중요하다. 사실, 회사의 수익에 앞서 먼저 고객과 이웃을 한결같은 태도로 섬기는 일이 쉽지만은 않은 일이다. 그래서 몇 가지 원칙을 정해서 철저하게 지키고 있는데 그 중 하나가, 어려움을 당한 고객이나 동료가 있을 때, 만사 제쳐놓고 그에게 달려간다는 것이다. 좋은 일이 있을 때에는 다른 직원에게 대신 인사를 전하기도 하고 전화를 하기도 하지만, 어려운 일이 있을 때에는 직접 가서 기도를 해주기도 하면서 함께 시간을 보낸다. '살아 있는 동안에all the days of her life'라는 위 말씀을 지키기 위해선 이러한 단호한 결단과 헌신이 필요하다. 그가 잘될 때나 어려울 때나 지위가 높았을 때나 낮아졌을 때나, 공직에 있을 때나 퇴직한 이후에나, 그를 대하는 태도는 한결같아야 한다.

—
—

살아 있는 동안에 그의 남편에게 선을 행하고

악을 행하지 아니하느니라 (31:12)

She brings him good, not harm,

all the days of her life.

Step1 스텝1

1. 나는 상사에게나 부하직원에게나 같은 긴장감과 관심과 마음을 갖고 있습니까?
만일 그렇지 않다면 나는 어느 쪽에 더욱 마음을 쓰고 있으며 그 이유는 무엇인
지 적어봅니다.

---

2. 누군가가 나로 인해 상처를 받았다고 한 적이 있다면, 무슨 일이었는지 적어봅니
다. 그리고 만일 내가 누군가에게 상처를 받은 적이 있다면 같은 방식으로 적어봅
니다. 마지막으로 두 개의 '상처' 사이에 있는 공통점을 찾아봅시다.

Reference Bible

선을 행하고 선한 사업을 많이 하고 나누어 주기를 좋아하며 너그러
운 자가 되게 하라. 이것이 장래에 자기를 위하여 좋은 터를 쌓아 참
된 생명을 취하는 것이니라

딤전 6:18-19

회사는 이익을 추구하는 집단이기 때문에 분명한 원칙이 필요하고 이에 상응하는
법에 따라 잘못에 대한 대가를 치러야 한다는 게 세상식 원칙이다. 그런데 우리는 세
상의 법을 초월하는 법위의 법, 즉 하나님의 법, 예수님이 우리에게 부탁하신 이웃 사
랑의 법을 따라 사는 사람들이다. 우리는 그 법에 따라 세상 사람들에게 사랑을 베풀
고 어떠한 경우에라도 그들이 나의 말과 행동과 결정으로 인해 상처를 받지 않도록 최
선을 다해야 한다. 특히 남이 잘못을 했을 때, 남에게 상처를 주지 않도록 나를 다스리
는 일이 중요한데, 이와 같은 행동을 성경은 '너그러운 자'라고 표현하고 있다. 그것은
세상에서 말하듯 '바보'처럼 사는 게 아니다. 그것은 하나님이 기뻐하시는 선한 행동이
며 그것은 장차 우리에게 생명을 살리는 큰 유익으로 돌아온다는 사실을 이 말씀에서
도 확인할 수 있다.

Step2 스텝2

1. 〈P31〉저자의 회사에서는 고객이 회사에 가져다주는 이익에 따라 차별적으로 고객
을 대하는 것을 엄격하게 금하고 있습니다. 나의 회사는 어떻습니까? 평소 나와
나의 직원들 혹은 나의 동료들이 고객에 따라 다른 태도로 대한 적이 있습니까?
그렇다면 그 '차별'의 기준은 무엇인지 정리해봅니다.

_____

_____

_____

_____

_____

2. 나는 모든 직원과 동료들에게 일관된 태도로 배려하며 신뢰를 보여주고 있습니까?
직원이나 동료, 혹은 후배직원이 감정적으로나 실무적으로 미숙해서 중요한 프로
젝트를 망치거나 직원들 사이에 큰 분열을 만들었을 때, 경영자나 동료로서, 그를
어떻게 생각하고 대했는지 정리해봅니다.

_____

_____

_____

_____

_____

_____

_____

P31er's story

다큐제작사 출범 초창기, 다큐 한 편을 할 때마다 임시 조연출을 고용했는데 최소 프로젝트 기간의 두 배 정도 되는 6개월을 고용했다. 그리고 그 기간 동안 연출자로서 가져야 하는 기본 태도와 촬영, 섭외, 편집 등을 철저하게 가르쳤다. 그래야 나와의 프로젝트가 끝나고 난 뒤에 다른 제작사에 취직을 하기가 쉽고, 더 좋은 기회가 생기면 도전의 자격이 생기기 때문이다. 실제로 나의 인턴 조연출들은 프로젝트가 끝날 때마다 종편과 공중파 방송으로, 동료들의 다른 탄탄한 제작사로 취직을 해서 떠났다.

그런데 두 명의 청년이 나를 고민에 빠뜨렸다. 한 청년은 이 분야에 전혀 재능도 없을뿐더러 습관적으로 거짓말을 했다. 또 한 여자 청년은 편안한 근무 환경에 안주해서 전혀 자기 발전의 의욕을 보이지 않았다. 이대로 두면 경쟁력 없는 사람이 될 것이 뻔했다. 일을 그만두게 해야 했지만, 그들은 내가 기독교인인 것을 알고 있었고, 나에게 인정을 기대하고 있었다. 기도 끝에 나는 한 가지 원칙을 정했다. 약속한 인턴 기간은 보장하고 그 기간이 끝났을 때 내 제작사의 정규직이 되지도 못하고, 다른 곳에 일자리를 얻지 못하는 경우에는 일을 하지 않아도 3개월간 월급을 더 지급한다는 원칙이었다.

사실 다음 달에 그들에게 월급을 줄 수 있는 형편이 될 수 있을지도 모르는 상황이었다. 하지만 나는 그들이 '어느 정도의 관심과 사랑을 받으면, 자신이 일하던 공동체에서 선택받지 못한 일로 상처를 받지 않을까'를 생각하지 않을 수 없었다. 또한 그들에겐 자신을 돌이켜보고 새 출발을 할 수 있는 최소한의 시간도 필요했다. 그러려면 최소 내가 그들에게 3개월 정도의 시간은 보장해주는 게 맞는다는 결론에 이르렀다. 그리고 이를 실천에 옮겼다.

—
—

그런데 그 기간이 우리에겐 기적의 시간이 됐다. 내가 형편을 알고 있던 그들은 예상도 못 했던 '사랑과 배려'에 감동해 최선을 다해 변화를 시도했다. 그 결과 한 사람은 자기가 원하던 분야로 진출했고 한 사람은 연출자가 되어 활동하고 있다. 지금도 우리 제작사는 누구든 정규직이 되지 못하고 일을 그만두게 되는 사람은 3개월간의 월급을 덤으로 받는다. 그 3개월 덕분에 우리 회사에 잠깐이라도 있었다가 간 청년들과 가족처럼 지내고 있다.

〈P31〉을 만나면서 나는 그동안 내가 어렵게 실천해온 이 원칙에 대해 주님의 크신 위로하심을 느꼈다. 남을 상처주지 않기 위해선 내 삶에 생채기를 내야 하는 경우가 많다. 거저는 없었다. 언제나 희생과 고통이 따른다. 하지만 주님은 우리의 희생에 언제나 기적과 감동으로 답하신다.

一

Step3 스텝3

‾1. 나의 회사의 직원이나, 내가 함께 일하고 있는 동료, 선후배들에게 상처를 주지 않도록 하기 위해, 내가 할 수 있는 일들을 적어보고 이를 실천합니다.

_____

_____

_____

_____

_____

_____

_____

‾2. 내가 위의 결정내용들을 실천한 뒤, 나와 나의 회사, 그리고 동료들과 일터에 생긴 변화가 있다면 적어봅니다.

_____

_____

_____

_____

_____

_____

_____

나의 P31 비즈니스 일기
My P31 Workbook

P31-4

시장을 개척하는 회사

Be a pioneer

Concept 기본개념

하나님의 사업가는 자신의 사업체를 너끈히 꾸려갈 수 있는 전문성과 경험이 있어야 한다. 그것은 저절로 얻어지는 것이 아니다. 내가 간절하고 가난한 마음으로 근면하게 살아야 가능한 것이다. 위의 말씀에 등장하는 비즈니스맨은 좋은 양털과 삼을 구별할 수 있는 실력을 갖추었음에도 부지런히 일을 한다. 거기서 더욱 나아가 온 세상을 두루 다니며 사람들은 상상도 할 수 없었던 영역이나 지역에서 돈과 재물을 가져와 사람들을 먹여 살린다. 그는 단순한 비즈니스맨이 아니라 '상인의 배' 즉 사업체 그 자체다. 그는 움직이는 사업체처럼 온 세상을 두루 다니면서 새로운 사업을 일구고 그 이익으로 사람들을 구제한다.

중요한 것은 그가 이전에 알고 있던 시장이나 영역에 안주하지 않는다는 것이다. 주님을 의지해 용기를 가지고 미지의 세계로 나아가 새로운 시장을 개척하고 그 땅의 소산을 가지고 돌아와 모두를 풍성하게 만든다.

그는 양털과 삼을 구하여 부지런히 손으로 일하며
상인의 배와 같아서 먼 데서 양식을 가져오며 (31:13-14)

She selects wool and flax and works with eager hands.

She is like the merchant ships, bringing her food from afar.

Step1 스텝1

- **1.** 잠언 31장 13절에 나오는 '양털과 삼을 구하여 부지런히 손으로 일하는'의 두 개의
  동사를 통해 연상되는 이 비즈니스맨은 어떤 사람일지 생각하여 적어봅니다. 또
  한 나는 이 세 개의 단어와 얼마나 연관성이 있는지 생각하여 정리해봅니다.

  _____

  _____

  _____

  _____

  _____

- **2.** 내가 꿈꾸었던 일과 내가 지금 하고 있는, 원하지 않았던 일을 비교해서 적어봅니
  다. 그리고 두 가지 일 중에 과연 나는 어떤 일을 더 잘할 수 있는지 냉정하게 생
  각하고 적어봅니다.

  _____

  _____

  _____

  _____

  _____

Reference Bible

내가 너를 모태에 짓기 전에 너를 알았고 네가 배에서 나오기 전에
너를 성별하였고 너를 여러 나라의 선지자로 세웠노라.

렘 1:5

롯이 가서 베는 자를 따라 밭에서 이삭을 줍는데 우연히 엘리멜렉의
친족 보아스에게 속한 밭에 이르렀더라.

룻 2:3

하나님의 자녀인 우리가 버려야 하는 단어가 바로 '우연'이라는 단어다. 우리에겐 우연은 없다. 신실하신 하나님의 계획하심, 하나님의 뜻이 있을 뿐이다. 어머니 배 속에 있기 전에 우리를 아시고, 뱃속에 나오기 전에 우리를 택하시고 우리의 삶을 계획하신다. 성경에 나오는 룻은 이삭을 주우러 남의 밭에 나갔는데, 우연히 시아버지의 친족 보아스의 밭에 이르게 됐다. 수많은 밭 중에 우연히 보아스의 밭에 들어가게 된 것이다. 현상적으로 볼 때는 우연이다. 그러나 그것은 하나님의 계획이다. 결국 룻은 보아스와 결혼해서, 오벳이란 아들을 낳는데 오벳은 다윗의 할아버지다. 결혼도 보통 결혼이 아니라 이스라엘 왕의 족보에 당당히 이름을 올리는 결혼이었다. 우연이 아니다.

그런데 '룻의 축복'에는 선한 일에 대한 도전과 용기가 필요했다. 굶주리는 시어머니 나오미를 위해 룻은 낟알을 주우러 누군가의 밭에 들어가야 했다. 실패와 수치를 두려워하지 않고 나아갔다. 바로 이런 룻과 같은 경영자가 이 시대에 절실히 필요하다. 주저없이, 하나님이 이끄시는 대로 미지의 땅에, 바로 하나님이 예비하신 보아스의 밭에 발을 들여놓을, 룻과 같은 비즈니스맨이 필요하다.

Step2 스텝2

1. 저자는 가난한 이민자의 아들이었고, 그래서 원하는 회사가 아니어도 취직을 했어야만 했습니다. 그렇게 주차 빌딩 설계라는 '새 시장'을 처음 만났습니다. 똑같은 하나님의 자녀인 나는 어떤 환경에서 자라나 지금의 이 자리에 있는지 생각해보고 적어봅니다.

_____

_____

_____

_____

_____

2. 저자의 주차 빌딩은 이전의 주차 빌딩과 전혀 다른 개념의 '건물'이자 '상품'이요, '서비스'가 되었습니다. 저자의 주차 빌딩 설계와 그 사업의 변화가 특별히 나의 마음에 주는 감동을 정리해봅니다.

_____

_____

_____

_____

_____

_____

_____

청소년기 나는 축복받은 시간을 보냈다. 예배가 축제보다 더 신나고 재미있었던 교회를 만나 넘치는 사랑과 보살핌 속에서 '사춘기 방황'을 모른 채 고등학교를 졸업했다. 당시 나는 내가 받은 사랑을 갚고 싶다는 마음으로 청소년 사역자가 되기로 결심하고 신학대학에 입학해 기독교 교육학을 공부했다. 그리고 상담심리학을 전공하기 위해 대학원에 입학했다. 대학원을 졸업한 뒤 미국으로 유학을 갈 계획이었다.

그런데 당시 나는 학비를 벌기 위해 파트타임 조연출로 일을 하고 있었다. 처음엔 방송국을 오가는 심부름을 하거나 자료를 찾는 일을 하다가 대학원 학비를 벌 정도의 일을 하려면 방송의 기본은 아는 게 좋다는 조언에 따라 방송아카데미를 다녔다.

그러다가 방송 일에 흥미를 느끼기 시작했다. 아카데미를 마친 뒤에는 월급을 조금 더 받는 프리랜서 조연출이 됐고, 촬영보조와 촬영된 파일을 관리하는 책임까지 맡게 됐다. 방송일은 모든 스태프가 한마음으로 일사불란하게 움직이는 팀워크가 중요하다. 그런데 베테랑들이 높은 긴장감 속에서도 노련하게 일을 하는 모습이 무척 좋게 보였다. 결국 얼마 안가 나는 대학원을 그만두고 정식 조연출이 되어 국내 촬영은 물론 해외 촬영까지 다니며 경험을 넓힌 뒤 연출자가 됐다. 물론 내가 상상하고 원하고 계획했던 길이 아니었다. 불과 2년 전까지만 해도 미디어 분야는 나와는 전혀 상관이 없는 영역이었다. 하지만, 돌아보면 이제까지의 모든 과정이 마치 준비된 것처럼 주님께서 열어주신 길을 따라 달려왔다는 사실을 부인할 수 없다.

심리학 공부는 잠시 중단했지만, 청소년을 섬기고 싶다는 나의 마음은 변함이 없다. 또한 나의 그 기도를 들으신 주님께서 언젠가 어떤 방법을 통해서라도 그 기회를 주실 것이라고 생각한다. 지금 나는 틈틈이 인터넷 방송을 통해 청소년들에게 다가갈

—
—

수 있는 길을 찾고 있고 복음이 녹아 있는 유익한 청소년 콘텐츠로 가득한 독자적인 방송 채널을 구축하기 위해 노력하고 있다. 물론 나의 이 계획과 꿈도, 주님의 놀라운 계획에 의해 물거품처럼 사라지겠지만.

Step3 스텝3

1. 하나님의 마음으로 보면 지금 내가 만들고 있는 상품이나 서비스도 다르게 보입니다. 직장에서 내가 하는 일도 다르게 보입니다. 그 새로운 깨달음을 깊이 묵상하며 적어봅니다.

_____

_____

_____

_____

_____

_____

_____

2. 낯설고 두렵긴 하지만 분명한 인도하심이 보이는 영역이 있거나, 새로운 일이 눈앞에 있는데 내가 도전하지 못하고 있다면 그 이유가 무엇인지 정리해봅니다.

_____

_____

_____

_____

_____

_____

_____

_____

나의 P31 비즈니스 일기
My P31 Workbook

_____
_____
_____
_____
_____
_____
_____
_____
_____
_____
_____
_____
_____
_____
_____
_____
_____
_____
_____
_____

P31-5

인정을 베푸는 회사
Provide

Concept 기본개념

위의 말씀에 나오는 여주인은 동이 트기도 전에She gets up while it is still dark식구들 중에 가장 먼저 일어나 하루를 시작한다. 가정의 안주인이 가장 먼저 일어나 일을 시작하는 것이다. 그런데 이 여인이 하는 일이 흥미롭다. 'she provides food for her family and portions for her servant girls'을 보면, 여주인은 가족뿐 아니라 여종들에게도 할 일과 더불어 먹을 것을 챙겨주며 인정을 베푼다.

이 말을 회사에 적용하면, 업무를 잘 배분하는 동시에 수고한 대가 역시 잘 챙겨주어야 한다는 뜻이다. 이를 실천하기 위해 〈P31〉의 저자는 미국 기업이 흔히 채택하는 '인센티브' 제도 대신 미국에는 없는 문화인 '보너스' 제도를 택했다. 인센티브는 능력에 따라 차등적으로 일부 직원이 받는 것인데 반해, 보너스는 회사의 성장과 함께 모두가 받는 것이다. 이렇게 리더가 세심하게 배려하여 베푼 인정은, 직원들의 사기를 높이고 단합의 결과를 가져왔을 뿐 아니라, 동료와 고객들에게 인정을 베푸는 문화로 확산되었다.

아직 동이 트기도 전에 일어나

식구들의 음식을 준비하고 여종들에게 일을 정하여 맡기며 (31:15)

She gets up while it is still dark;

she provides food for her family and portions for her servant girls.

Step1 스텝1

1. 우리 회사의 직원은 몇 명입니까? 그리고 평소
에 이들을 어떻게 호명하는지 돌아봅시다.

_____

_____

_____

_____

_____

2. 나는 나의 후배 직원이나 동료들에게 '일한 만큼 정당한 대가를 받도록 평가해주
고 능력을 인정해주는' 사람인지 생각해봅니다. 만일 그런 사람이라면, 경쟁이 치
열한 직장에서 어떻게 그런 일을 실천하는지, 그 방법을 적어봅니다.

_____

_____

_____

_____

_____

_____

Reference Bible

긍휼히 여기는 자는 복이 있나니 그들이 긍휼히 여김을 받을 것임
이요   마 5:7

너희가 거저 받았으니 거저 주라   마 10:8

긍휼히 여기는 마음은 하나님의 성품이다. 하나님께서 우리에게 행하신 모든 일들
이 하나님의 긍휼하심에서 비롯되었다. 천지창조에서부터 예수님을 주심까지 십자가
사건으로 종결된 모든 사건들이 우리를 향하신 하나님의 긍휼하심에서 비롯됐다. 그
리고 우리 역시 하나님의 성품대로 '긍휼히 여기는 삶'을 살기 원하신다.

그 삶을 살도록 하기 위해 하나님은 우리의 삶 안에 어려운 이웃을 주셨다. 우리가
매일 만나는 사람, 우리와 함께 일을 하는 사람이 바로 우리에게 맡기신 이웃이다. 그
리고 그 이웃을 어떻게 섬겨야 하는지를 가르치시기 위해 예수님을 보내셨다. 예수님은
온 인류를 구원하는 엄청난 소명을 부여받고 이 땅에 오셨음에도 불구하고 예수님을
따라다니던 가난하고 병든 자들을 먹이고 치료하고 섬기셨으며 죽는 순간까지 그들을
떠나지 않았다. 그리고 삶을 통해 그들에게 참 복음을 가르치시고 그들에게 '제자'라는
귀한 소명을 주셨다.

무엇보다 이 모든 것을 거저 받았음을 기억하고 값없이 필요로 하는 이웃에게 필요
한 때에 나누어야 한다. 그것은 주님의 성도에게 주시는 하나님의 명령이자 축복의 통
로다.

—
—

Step2 스텝2

1. 〈P31〉저자는 '인정'을 베푸는 방법으로, 회사에 수익이 생겼을 때 전형적인 미국식 제도인 '인센티브'가 아니라 미국에는 없는 '보너스' 제도를 통해서 직원들에게 수익을 나눕니다. 인센티브와 보너스의 차이를 묵상해보고, 내가 수익을 직원들에게 나누는 방법과 비교해봅시다.

_____

_____

_____

_____

_____

_____

_____

2. 우리 회사가 수익의 일부를 외부의 이웃들과 나누고 있다면 어떻게 나누고 있는지 정리해봅니다.

_____

_____

_____

_____

_____

_____

_____

1//

내가 아는 지인의 회사는 고액의 월급을 받는 직원들도 많지만 적은 월급을 받는 단순 노동직 직원들도 있다. 그런데 이 회사의 대표인 나의 지인은 매달 자기 월급에서 일정액을 떼어서 5명 정도의 아래 직원들의 식사나 간식 비용으로 제공하고 있다.

그가 이런 일을 하게 된 것은 '하나님께서 주신 직장에서 50대 중반이 되도록 근무할 수 있는 것도 감사하고 또 능력이 부족하지만 하나님이 대표로 세워주신 것에 감사해서'라고 한다. 그렇게 해온 지 벌써 몇 해가 됐다.

이 돈은 직원들 사이에서 '대표님 펀드' 또는 '그레이스 펀드'라고 불린다. 나의 지인은 얼마 되지도 않는 돈을 펀드라고 불러주며 고마워하는 직원들을 볼 때마다 부끄럽다고 말하지만, 직원들은 그의 인정에 대해 너무도 감사하게 생각할뿐더러 회사 일에 더욱 충실하고 열정을 다하고 있다.

언젠가 그 회사의 한 직원이 업무 수행과정에서 문제를 일으켜 회사에 손해를 입힌 일이 있었다. 연말이 되어 성과급을 줄 때가 됐는데 그 직원은 성과급 지급 대상에서 제외해야 하는 상황이었다. 그런데 실수는 했지만 그 직원은 창의적으로 업무를 수하는 사람이었고 문제가 된 그 프로젝트 역시 창의적으로 접근을 하다가 상황이 잘 맞지 않아 사고가 난 것이었다.

나의 지인은 고민 끝에 자신의 성과급을 떼어서 그 직원에게 주면서 실수로 인해 위축되지 않도록 격려했다. 그렇게 성경의 작은 원리를 꾸준히 실천한 덕분에 그의 회사는 직원들이 행복해하고 열정을 다해 일하는 아름다운 회사로 성장하고 있다.

—
—

2//

우리 회사는 직원의 평균연령이 30세인 아주 젊은 조직이다. 그래서 건물 청소를 하시는 분들이 대개는 어머니와 나이가 비슷하거나 많은 분들이다. 그래서 우리 회사 직원들은 그분들을 가족으로 여기며 호칭도 '여사님'들이라고 부르며 그분들이 일을 하다가 잠시 쉴 수 있는 공간을 마련해서 제공하고 있다. 아침이면 직원들에게 제공되는 차와 과일도 함께 드실 수 있도록 했다.

뿐만 아니라 우리 사무실에 가장 자주 드나드는 사람은 택배나 배달부다. 이분들은 몇천 원이라도 더 벌려면 잠시도 쉬지 못하고 계속 돌아다녀야 하기 때문에 자신을 위해서는 가게에 가서 물도 사 마실 여유가 없다. 그래서 우리 사무실에서는 그분들이 올 때마다 거의 반강제로 권해서 물을 마시고 가도록 한다. 그렇게 하면 처음에는 주저하던 분들도 너무 고마워하면서 밝은 얼굴로 사라진다. 우리가 베푼 작은 선행은 그분들을 즐겁게 하고 그 즐거움은 어디선가 다른 즐거움으로 전해질 것을 기대하며 날마다 우리는 이 작은 선행을 계속하고 있다.

Step3 스텝3

1. 나의 동료가 뜻하지 않은 어려움으로 힘들어할 때, 내가 어떻게 했는지 돌아봅시다. 동시에 그때, 우리 회사의 다른 직원과 상사, 혹은 회사의 경영자가 어떻게 대응했는지 돌아봅니다.

_____

_____

_____

_____

_____

_____

2. 직원들을 '하나님이 맡기신 이웃'으로 보고, 그들을 위해서 회사 차원에서 혹은 개인 차원에서 할 수 있는 일들을 생각해보고 그들을 섬기기 위해 결단할 수 있는 일들을 생각해봅니다.

_____

_____

_____

_____

_____

_____

_____

_____

나의 P31 비즈니스 일기
My P31 Workbook

Summary

Level 1을 은혜 중에 잘 마치게 되었습니다.
전 과정을 함께 하면서 특별히 기억에 남는 것들을 정리해봅니다.

—
—

Union Station Garage
Washington, DC

Level 2에서는 잠언 31장 16절부터 20절까지의 말씀을 중심으로 '성경식 기업을 어떻게 성장시켜 나갈 것인가'를 살펴봅니다. Level 1에서 발견한 '성경식 비즈니스의 방향성'을 확고히 붙든 나는 이제 변화무쌍하고 예측 불가능한 비즈니스 현장에서 세상적 방법이 아닌 성경적 방법을 선택해야만 합니다. 세상식으로는 후퇴이고 손해를 보는 길이지만 하나님이 보시기엔 '성장이자 축복을 받는' 선택입니다. 〈P31〉의 저자가 다섯 개의 말씀을 통해 발견해낸 '하나님의 기업 성장'의 비밀을 함께 공부하면서 나는 어떤 방법으로 세상 가운데 성경식 기업을 성장시켜 나갈지 고민하는 시간입니다.

Level 2

성경적 기업
성숙하기

Maturing P31 Biblical Business

P31-6

신중하게 투자하는 회사
Invest prudently

Concept 기본개념

16절의 이 짧은 말씀 속에도 놀라운 경영의 지혜가 숨어 있다. 바로 '자기의 손으로 번 것으로 포도원을 일군다'는 말씀이다. 이 말은 곧, 여주인이 자기 돈으로 포도원을 샀다는 의미이다. 많은 사람들이 적지 않은 돈을 빌려서 사업을 시작한다. 은행에서 대출받는 것은 자기신용을 담보로 하는 것이기 때문에 큰 범주로 보면 '내 돈'이라고 할 수 있다.

문제는 자신의 신용한계를 넘는 '남의 돈'을 빌리는 것이다. 이럴 때 주로 의지하는 사람들이 돈 많은 친척이나 지인들이다. 고리의 사채를 쓰는 사람들도 있다. 하지만 사업은 그리 녹록치 않다. 시작하면 금방 수익이 날 것 같지만 세상에 그런 일은 없다. 누구든 일정 기간의 시행착오를 거쳐야 하는 데, 내 돈은 그 시간을 기다려주지만, '남의 돈'은 그 시간을 기다려주지 않는다. 그리고 엄연히 말해 남의 돈으로 돌아가는 회사는 내 것이 아니다.

나의 기업이 진정 하나님이 기뻐하시는 기업이 되기를 원한다면, 하나님이 내게 허락하시는 돈으로 사업을 하라. 그것이 순종이고 축복의 문을 여는 지혜다.

밭을 살펴보고 사며
자기의 손으로 번 것으로 포도원을 일구며 (31:16)

She considers a field and buys it;

out of her earnings she plants a vineyard.

Step1 스텝1

1. 나는 회사를 창업할 때 어떻게 자금을 마련했습니까? 사업을 위해 남의 돈을 빌렸다면, 빌린 내역과 자금의 상환조건 및 이자 등을 정리하고 상환계획도 함께 정리해봅니다.

_____

_____

_____

_____

_____

_____

2. 창업을 준비하고 있다면 창업자금 규모와 마련할 방법을 정리해봅니다.

_____

_____

_____

_____

_____

_____

_____

Reference Bible

네 일을 밖에서 다스리며 너를 위하여 밭에서 준비하고 그 후에 네 집
을 세울지니라

잠 24:27

이 말씀은 무언가 시작하기 전에 필요한 것들을 미리 마련하라는 뜻인데 자세히 보면 두 가지에 관해 말씀하고 있다. 그 첫 번째는 '네 일을 밖에서 다스리며 너를 위하여 밭에서 준비하고'라는 말씀에 숨어 있다. 즉, 세상 가운데서 일을 해서 필요한 것들을 준비하라는 뜻이다. 이것은 재정적인 면뿐 아니라 경험의 밑천도 준비하라는 말씀이다.

두 번째는 시기에 관해 말씀하고 있다. 사실 사업을 할 때 돈을 빌려서 시작하는 게 빠르고 간단해 보인다. 시장은 빠르게 변하고 기회가 눈앞에서 날아간다. 그것을 잡으려면 남의 돈이라도 빌려서 하는 게 지혜로워 보인다. 그러나 성경에 제시된 사업 시작 시점은 '너를 위하여 밭에서 준비하고 난 후'다. 즉, 내 손으로 마련한 밑천이 있을 때가 창업시점이다. 땀 흘려 번 돈이 있을 때 포도밭을 사라는 말씀도 시기에 관한 말씀이다.

사업은 타이밍이 중요하다. 창업 시기는 더욱 그렇다. 나에게 충분한 경험과 밑천이 있을 때가 하나님이 말씀하시는 최적의 창업 시기다.

Step2 스텝2

1. 저자는 우리에게 '누구의 돈으로 사업을 하는 것이 더 안전한가'라고 묻습니다. 자신이 번 돈, 자신의 능력 안에서 사업을 하는 것이 하나님의 뜻에 맞는 경영이라고 말합니다. 만일 '남의 돈'을 빌려가며 사업을 시작해야 했다면 그 이유를 꼼꼼하게 정리해봅니다.

----

2. 개인의 재정지출 습관은 그대로 사업의 재정지출 습관과 직결됩니다. 사업가나 직장인이나 구분 없이, 과도한 개인대출이 있다면 그 내용과 대출의 성격을 정리하고 나의 소비습관에 대해 묵상해봅시다.

P31er's story

1//

아로마테라피스트인 아내와 천연 공방을 운영하며 활동한 지 6년 정도가 되자 독립된 공방을 마련하고 싶은 생각이 들었다. 기도하면서 적당한 곳이 있어 계약을 했다. 그 직후, 지인으로부터 선물받은 〈P31〉에 큰 감명을 받으며 읽어 나가던 중 '자기의 손으로 번 것을 가지고 포도원을 일구라'는 말씀이 나를 흔들었다. 사실 우리는 재정에 대한 준비가 전혀 되어 있지 않았다. 대출을 조금 받고 부모님께 도움을 받으면 될 거라 쉽게 생각하고 시작한 일이었다. 그런데 잔금 날짜가 다가오고 있는 가운데서 내 머릿속에서는 저 성경구절이 계속 맴돌았다. 말로는 하나님이 내 재정의 주인이라고 하면서도 나는 정작 주님 이외에 너무 많은 것들을 믿고 있음을 적나라하게 보게 됐다. 결국 나는 공방 계약을 포기하기로 했다. 계약금은 한 푼도 돌려받지 못했다. 그게 우리에겐 적지 않은 돈이어서 순종하기 쉽지 않았지만 우리에겐 그 돈을 손해 보더라도 하나님이 기뻐하시는 기업을 만드는 게 중요했다. 우리는 우리의 죄를 회개하며 공방을 하나님께 올려드렸다.

그로부터 1년이 지난 지금 나에겐 정말 큰 변화들이 생겼다. 물론 공방도 계속 운영 중이다. 이전보다 넓지는 않지만 수업 공간도 마련해서 선교사님들의 자비량 선교를 도우며 협력하고 있다. 돌아보니 지금까지 10개국이 넘는 선교사님들이 다녀가셨고 3개 나라에서 우리를 통해 사업이 진행되고 있다. 만일 그때 무리하게 공방을 이전했더라면 임신한 아내 혼자 공방을 운영하느라 힘들었을 것이고 우리는 힘에 부친 월세를 내야 하는 난감한 상황에 처하게 됐을 것이다. 이 모든 변화가 〈P31〉 속의 한 줄 말씀을 붙잡은 순종의 결과이며 하나님의 계획이셨음을 고백하지 않을 수 없다.

2//

우리 회사의 주 업종은 소비자들에게 기업의 제품이나 서비스를 알리는 일이다. 다양한 회사로부터 일을 맡아 진행하는데, 동종업계 경쟁도 치열해서 좋은 조건으로 일을 맡겨주는 고객회사를 확보하고 지속적인 관계를 유지하는 게 보통 일은 아니다. 그런데 아무리 좋은 조건으로 일을 준다 해도 우리 회사가 일을 맡기 전 스스로에게 묻는 게 있다. 우리가 하는 광고가 '우리 가족들이 보기에도 부끄럽지 않고 자랑스러운 일인가'와 '하나님의 백성, 성도로서 부끄럽지 않은 일인가'의 두 가지다.

이런 기준을 갖고 있다 보니 우리가 피하는 업종이 있는데 그것은 술, 담배, 중독성이 강하고 저속한 풍습을 가진 게임 관련 업종이다. 그것이 사업적으로 우리에게 아무리 큰 경제적인 이익을 가져다준다고 해도 우리는 그 일을 하지 않는 것에 대해서 조금도 미련이 없다. 물론 하나님의 마음을 따라 사업을 하는 분들의 상품과 서비스는 우리가 가진 역량을 최대로 발휘하여 광고효과를 극대화할 수 있도록 노력한다. 그것이 바로 하나님을 기쁘시게 하는 기업이 되는 길이라 믿는다.

Step3 스텝3

1. 혹시 나는 돈 문제에 관한 한, 하나님을 분리하고 있지 않습니까? 내 회사에 들어오는 돈과 나가는 돈에 대해, 내가 일한 대가로 받는 돈과 내가 쓰는 돈에 대해 하나님의 마음을 얼마나 생각하고 의식하는지 묵상하고 느껴지는 바를 적어봅니다.

_____

_____

_____

_____

_____

_____

2. 합당한 개인대출 이외에 내가 사용하고 있는 '남의 돈'을 상환할 방법을 적극적으로 찾아보고, 그 방법을 적어봅니다.

_____

_____

_____

_____

_____

_____

_____

나의 P31 비즈니스 일기
My P31 Workbook

P31-7

다 함께 뛰는 회사

Work diligently

NOTE :

Concept 기본개념

'힘 있게 허리를 묶는다'라는 말은 여주인이 굉장히 성실하게 일했다는 의미이다. 건설 현장으로 말하면 사장이 현장에서 감독을 했다는 의미이며, 전쟁터라면 장군이 최전선에서 지휘했다는 말로도 볼 수 있다.

'she sets about her work vigorously' 이 문장에서 vigorously는 강한 어감을 가진 단어이다. 운동을 격렬하게 한다든지, 춤을 열정적으로 춘다든지, 일을 의욕적으로 할 때 사용하는 단어다. 여주인은 이렇게 열정적으로 일을 한 결과 팔이 강해졌다. 다시 말해, 경영자가 현장에서, 비즈니스 일선에서 최선을 다해 열정적으로 임하면 당연히 그의 팔, 그의 능력이 강해진다는 것이다.

물론 이 말씀은 단순히 여주인에게만 일어나는 일이 아니다. 오너가 이름도 모르는 신입직원이나 사람들 눈에 띄지 않는 한직에 있다 할 지라도 그 일이 주님이 내게 허락하신 귀한 일인 줄 알고 감사하며 '허리를 힘 있게 묶고' 열정적으로 일을 하는 사람은 머지않아 자기 팔을 강하게 만들 수 있다. 즉, 남다른 '능력'을 갖출 수 있다는 것이다.

—
—

> 힘 있게 허리를 묶으며
> 자기의 팔을 강하게 하며 (31:17)
>
> She sets about her work vigorously;
>
> her arms are strong for her tasks.

Step1 스텝1

1. 나는 직원들보다 더 열심히 고민하며 경영자로서의 일을 하고 있다고 생각합니까? 또는 한 회사의 직원으로서 나는 열심히 최선을 다해 내가 맡은 일을 해내고 있다고 생각합니까?

_____

_____

_____

_____

2. 〈P31〉의 저자에게는 짐 에버트Jim Ebert라는 노동의 윤리를 몸소 보인 선배이자 신뢰하는 동료가 있었습니다. 〈P31〉 92쪽 이하 참조 나에게도 직장에 그런 롤모델이나 멘토가 있다면 그의 어떤 점이 나에게 귀감이 되는지 묵상하고 적어봅니다.

_____

_____

_____

_____

_____

Reference Bible

우리가 너희와 함께 있을 때에도 너희에게 명하기를 누구든지 일하기
싫어하거든 먹지도 말게 하라 하였더니 우리가 들은즉 너희 가운데 게
으르게 행하여 도무지 일하지 아니하고 일을 만들기만 하는 자들이 있
다 하니 이런 자들에게 우리가 명하고 주 예수 그리스도 안에서 권하
기를 조용히 일하여 자기 양식을 먹으라 하노라

살후 3:10-12

이 말씀은 성도에게 부지런함이 얼마나 중요한 일인지를 엄중하게 말해주고 있다.
심지어 일을 하지 않는 자는 먹지도 말라고 하셨다. 이처럼 근면함은 성도의 기본 덕
목이다. 동시에 게으름은 먹는 것도 허락되지 않을 만큼 심각한 문제다. 하나님의 성도
라면 부지런해야 한다. 부지런히 복음을 전하고 이웃을 섬겨야 한다. 이 말씀은 우리
가 섬겨야 할 이웃이 있는 직장생활에서도 동일하게 적용된다. 교회 일은 열심히 하면
서 직장에서는 베짱이처럼 사는 사람이 있다. 주일이 되면 새벽부터 교회에 나와 봉사
하면서 회사에서는 자기 일을 책임감 있게 해내지 못해 동료들에게 민폐를 끼치면서도
도무지 자기 개발을 하지 않는 사람들이 있다. 이들이 바로 '도무지 일은 하지는 않고
일만 만드는' 사람들이다. 진정한 성도라면 부지런히 일하여 회사에 유익을 끼치고 귀
한 친구들을 만들며 복음 전파의 문을 열어가야 한다.

Step2 스텝2

1. 내가 입사하기 원하는 회사는 어떤 회사이며 그 이유는 무엇입니까? 그리고 내가
지금 현재의 직장을 다니는 가장 중요한 이유는 무엇입니까?

---

2. 나는 회사에서 일을 열심히 하는 직원입니까? 그렇게 일을 열심히 하는 이유는 무
엇입니까? 만일 일을 대충 하면서 또 다른 기회를 보고 있는 상황이라면 그 이유
는 무엇인지 정리해봅니다.

어렸을 때부터 몸이 허약했던 나는 부지런함 하고는 거리가 먼 사람이었다. 그런 나를 지금처럼 부지런한 사람으로 바꾼 것이 바로 하나님의 사랑이다. 말씀을 통해 하나님의 역동적인 천지창조와 일하심, 그로 인해 시작된 역사와 수많은 사건, 그리고 오늘날 내가 존재하기까지의 과정과 그 동력이었던 하나님의 사랑을 알고 나서 나는 완전 딴사람이 되었다.

성령을 받고 내 안에 예수님이 오시면, 가장 먼저 생기는 변화가 부지런해지는 것이다. 값없이 귀한 것을 받았다는 사실로 인해 기쁘고 감사해서 뭔가 하지 않으면 못 견딜 만큼 충만한 생명력이 나를 운행하기 때문이다. 그때부터 나는 교회 일이든 회사 일이든 아무리 무리를 해도 피곤하지 않았다. 믿음이 있다 하면서도 부지런히 섬기지 않는 사람이라면 그 안에 참 성령님이 역사하고 계신지에 대해 고개를 갸웃하게 된다.

직원들이나 동료 중에 회사 혹은 자기 일을 사랑하는 사람과 사랑하지 않는 사람, 감사를 아는 사람과 모르는 사람을 구분할 수 있게 됐다. 능력 여부와는 상관없이 회사에 남보다 일찍 나오고 남보다 늦게까지 일하며 노력하는 사람 안에 회사를 향한 간절함과 사랑이 있다. 나는 그런 사람은 가능한 해고하지 않고 계속 자기 개발과 경험의 기회를 주려고 노력한다. 물론 나는 회사 직원들이 늘 밤늦게까지 일을 하기를 바라는 것은 아니다.

반면 능력이 출중해도 회사 일에 소극적이고 게으른 사람은 애써 붙들지 않는다. 그는 자기 자긍심은 높을지 몰라도 회사와 동료를 향한 감사와 사랑은 부족하기 때문이다. 하나님의 회사는 인간의 출중한 능력이나 은사로 성장하는 것이 아니다. 회사를

—
—

주님이 주신 교회처럼 부지런히 섬기며 사랑하는 사람들에 의해 성장한다. 부지런함은 그 안에 사랑과 감사가 있다는 증거이기 때문이다.

Step3 스텝3

1. '부지런히 일하며 능력을 키워가는 리더'가 되기 위해 내가 지금 할 수 있는 일을
고민하고 결정해서 적어봅니다. 그리고 실천해보고 이로 인해 생긴 변화를 후에
다시 기록합니다.

_____

_____

_____

_____

_____

_____

2. 주님께서 나의 모든 것을 정하시고 계획하시고 인도하신다는 믿음 안에서 지금 내
가 하는 일을 다시 바라봅니다. 그리고 주님이 기뻐하시는 식대로 맡은 일을 하려
면 어떻게 해야 하는지를 생각하고 정리하여 적고, 실천해봅니다.

_____

_____

_____

_____

_____

_____

_____

나의 P31 비즈니스 일기
My P31 Workbook

P31-8

이윤을 창출하는 회사
Make profit

Concept 기본개념

첫 문장의 sees 는 단순히 '본다'라기보다는 '집중한다'는 뜻으로 더 의역을 한다면, sees의 의미는 '그렇게 되도록 만든다'는 뜻이다. 다음 문장인 and her lamp does not go out at night은 쉼표로 연결되어 있다. 쉼표로 연결될 경우, 앞 문장은 원인이 되고 다음 문장은 결과가 된다.

이 문장에서 주목할 부분은 her lamp, 등불이다. 등불이 밤새 타기 위해서는 기름이 넉넉해야 한다. 즉, 이 구절의 전체 뜻은 밤새 등불을 밝힐 만큼 넉넉하게 기름을 갖출 수 있도록 만든다는 뜻이다. 수익을 내기 위해 열심히 노력하는 모습이다. 많은 그리스도인이 성경적이지 않다는 이유로 돈을 많이 버는 것을 경계한다. 〈P31〉저자의 생각은 다르다. 그는 정직하게 일을 하여 돈을 버는 것은 문제 될 것이 없다고 생각한다. 돈을 주시는 분도 하나님이시고 가져가시는 분도 하나님이시다. 내가 돈의 주권, 물질의 주권을 하나님께 드리고 있느냐가 중요한 것이다.

저자는 목회자 아버지 옆에서 돈은 먹고살 만큼만 있으면 충분하다는 것을 배웠다. 그 이상의 돈은 교회와 이웃을 위한 도구였다.

—

Step1 스텝1

1. 우리 회사의 달성 목표, 비전은 무엇이며 경제적 이익profit에 대해서 어떻게 구체적
으로 계획하고 정의하고 있는지 정리해 봅니다.

_____

_____

_____

_____

_____

2. 돈을 많이 버는 것이 하나님의 뜻과 어긋나는 것이라는 생각, 가치관을 가진 적이
있거나 혹은 주변에서 그런 소리를 들은 적이 있다면, 이에 대해 나는 어떻게 돈
에 대한 개념을 정립하고 있는지 적어봅니다.

_____

_____

_____

_____

_____

_____

Reference Bible

하나님이 그들에게 복을 주시며 하나님이 그들에게 이르시되 생육하
고 번성하여 땅에 충만하라, 땅을 정복하라, 바다의 물고기와 하늘의
새와 땅에 움직이는 모든 생물을 다스리라 하시니라

창 1:28

창조주 하나님은 당신의 백성들에게 번성하고 땅을 정복하라고 말씀하셨다. 그리
고 이에 필요한 은사와 재능, 특별한 영역을 허락하셨다. 또한, 하나님이 우리에게 허
락하신 사업의 씨앗들은 '충만하게 번성할 수 있는' 생명력이 있다. 그 생명력을 믿고
씨앗을 심어 부지런히 가꾸고 그 열매를 맺어야 한다. 하나님의 방식대로 사업을 할 때
하나님은 우리의 사업을 축복하신다. 이윤 창출은 하나님의 전폭적인 축복 안에서 우
리에게 오는 것이고, 그 이윤은, 가난하고 소외된 영혼들이 세상적인 관계나 세상적인
어둠의 기업의 영향을 벗어나 빛 되신 하나님께로 돌아오게 하는 '영혼 구제'를 위한
것이다. 그 과정에서 충성된 종인 비즈니스맨에게 허락하시는 축복이 바로 이런 것이
다. '나의 하나님이 그리스도 예수 안에서 영광 가운데 그의 풍성한 대로 너희 모든
쓸 것을 채우시리라'(빌 4:19)

Step2 스텝2

1. 저자는 '돈의 주인은 하나님'이라고 고백합니다. 그리고 회사의 수익은 전적인 하나님의 부으심이라고 고백합니다. 〈P31〉 98쪽 이하 참조 우리 회사의 수익은 누구의 수고로 어떤 과정을 통해 만들어지며 그렇게 창출된 이윤은 어떻게 사용되고 있는지 적어봅니다.

_____

_____

_____

_____

_____

2. 내가 받은 월급, 내가 올리는 경제적인 수익은 어떻게 흘러가고 있는지 정리해봅니다. 그리고 그 흘러감 속에 하나님이 기뻐할 만한 열매가 있는지 묵상하고 정리해봅니다.

_____

_____

_____

_____

_____

_____

P31er's story

1//

우리 회사가 더 열심히 일하고, 더 큰 성과를 만들기 위해 노력하는 이유는, 우리가 가진 것을 필요한 곳에 나눔으로써 주님을 증거하기 위해서다. 이런 비전이 있기에 우리는 작은 일에도 최선을 다하면서 이웃을 위한 재정을 성실하게 모으고 있다. 그 방법의 하나로 'BNB 드림통장'을 만들어, 매월 순수익의 1/30을 저축하고 있다. 그런데 이 사실이 알려지면서 사실 내가 더 큰 축복을 받았다. 직원들이 자기가 일하는 회사가 '돈을 위해서가 아니라 좋은 목적을 위해 존재하는 회사'라는 인식을 주어 자긍심을 가지고 더욱 열심히 일을 할 뿐 아니라, 돈에 대한 직원들의 인식도 달라지게 됐다.

그 결과 직원들도 회사가 추구하는 '선한 일'에 동참할 뿐 아니라 스스로의 삶의 목표에도 변화가 생겼다. 이전에는 '부자가 되고 더 많은 것을 소유'하는 것을 추구하던 데서 '선한 일을 하면서 의미 있게 사는 삶'을 더 소중히 여기게 된 것이다. 이 과정을 지켜보면서 나는, 생존을 위해 사람들이 모여서 일을 하는 기업은, 개인에게 결정적인 영향력을 가진 조직임을 알게 되었고, 회사가 '높고 고귀한 목표'를 정하고 그 길로 가면 사람들 역시 그 길을 따라오게 된다는 사실을 알게 됐다. 이렇게 주님은 기업가 한 사람에게 고귀한 소망과 높은 목적을 허락하셔서 많은 사람들이 동일한 축복과 변화된 천국의 삶을 누리도록 인도해주셨다.

2//

National FP는 믿음과 돈을 통합하는 재무 설계 컨설팅을 하는 기업이다. 우리는 우리를 만나는 고객들에게 돈에 관한 성경적 관점과 재정의 원칙을 알려주고, 걱정과 근심으로 점철된 재정관리가 아닌 하나님의 콜링과 계획이 담긴 재정상담을 제공한다.

직원들은 아침에 성경 묵상을 함께 한다. 설교를 하는 사목이 3명이나 있으며 경영진과 재정상담가들은 선포된 말씀을 일터에서 적용하려 애쓴다. 경영진은 기도회를 인도하면서 재정상담가들에게 9주간 〈한국 청지기 아카데미〉의 '당신의 돈을 하나님의 방식으로 경영하라'는 주제의 재정 교육을 하고, 그 강한 기초 위에 믿음과 돈을 통합하는 시도를 계속한다. 또한 미국의 킹덤 어드바이저 훈련과 교육을 통해 적용한 성경적 가치를 지향하는 재정상담론과 투자론을 30주간 공부하며 고객에게 평생 설계를 제안한다.

성경적 관점의 투자, 성경적 관점의 돈 관리 습관, 성경적 관점의 경제원칙을 아는 것은 성도에게 매우 중요하다. 재물에 관한 하나님의 소유권을 인정하고(시 24:1) 문서화된 장기적인 재정 목표를 세우는 것 (잠 16:9) 그리고 소득보다 소비를 적게 하며 (잠 13:11) 부채 사용을 절제하고(잠 22:7) 영원의 관점을 가지며 (시 24) 관대함의 기쁨을 갖도록(고후 8-9장) 고객을 돕는다.

하나님이 주신 재물을 하나님의 나라를 위하여 하나님의 방식으로 사용하는 귀한 성도를 양육하는 데 올인하고 있다.

二

Step3 스텝3

1. '우리 회사가 이윤을 내기 위해 우리가 하는 많은 사업 활동 중에 성경적이지 않은 일들이 있다면 그 일을 나누고 성경적으로 바꿀 수 있도록 아이디어를 모아보고 적어봅니다. 그리고 실천한 뒤 생기는 변화들도 후에 함께 정리합니다.

_____

_____

_____

_____

_____

2. 저자는 '내 회사가 윤택해지는데 그치지 않고 내가 속한 지역도 윤택하게 되어야 한다'고 말합니다. 〈P31〉 97쪽 참조 우리 회사의 넉넉한 자원이 지역사회에 영향을 미치고 있는지 묵상해봅니다. 그리고 나는 내가 속한 지역을 위해 할 수 있는 일이 있는지 정리해봅니다.

_____

_____

_____

_____

_____

_____

—
—

나의 P31 비즈니스 일기
My P31 Workbook

_____

_____

_____

_____

_____

_____

_____

_____

_____

_____

_____

_____

_____

_____

_____

P31-9

주인이 솔선수범하는 회사

Lead by example

Concept 기본개념

19절의 키워드는 이 말씀의 시작과 끝을 장식하고 있는 'In her hand'와 'with her fingers'다. 여주인은 직접 집안일과 농사, 양잠을 다 해냈다. 물레질은 여종들이나 하던 일이다. 그러나 이 여주인은 사업이 돌아가는 현장에서 종들과 함께 일을 했다는 점에 주목해야 한다.

산업혁명 이후로 대량생산을 위한 분업화와 기계화가 이루어졌다. 20세기와 함께 컴퓨터시대에 접어들자, 오너는 일일이 직원들을 상대하지 않아도 파일, 이메일, 채팅앱 등 다양한 온라인 수단을 통해 경영을 할 수 있게 됐다. 고성능 휴대폰이 등장하자 세계 어디서든 다양한 일을 동시 다발적으로 할 수 있게 됐다. 분명 이로운 점은 많으나 동시에 오너와 매니저들이 현장을 떠나 있는 시간이 그만큼 늘어났다. 현장을 떠나면, 일에 집중하지 못하기 때문에 맡은 업무를 점차 게을리하게 된다.

여주인이 물레를 돌리는 것은 단순히 막노동을 함께 한다는 게 아니다. 회사 곳곳에 그녀의 손길이 두루 미치고 있다는 뜻이다. 성경적 리더의 좌표, 그곳은 직원들이 치열하게 일하고 있는 그 현장이다.

—
—

그녀는 직접 자기 손으로 물레를 잡고 돌렸으며 (31:19)

In her hand she holds the distaff

and grasps the spindle with her fingers.

Step1 스텝1

1. 식당이나 가게, 거래처 등 우리는 곳곳에서 리더들과 오너들을 만납니다. 나에게 신뢰를 안겨주는 오너들은 어떤 유형인지 적어봅니다.

_____

_____

_____

_____

_____

2. 우리 회사에서 오너로서 가장 모범을 보여야 할 영역은 무엇이며, 직원의 입장에서 리더의 역할이 꼭 필요한 시기는 언제인지 적어봅니다.

_____

_____

_____

_____

_____

Reference Bible

기쁜 마음으로 섬기기를 주께 하듯 하고 사람들에게 하듯 하지 말라
이는 각 사람이 무슨 선을 행하든지 종이나 자유인이나 주께로부터 그
대로 받을 줄을 앎이라 상전들아 너희도 그들에게 이와 같이 하고 위
협을 그치라 이는 그들과 너희의 상전이 하늘에 계시고 그에게는 사람
을 외모로 취하는 일이 없는 줄 너희가 앎이라

엡 6:7-9

〈P31〉 비즈니스의 원칙에 따르면 우리 성도들은 모두 기본적으로는 프로젝트 매니
저다. 각자 직장과 교회 안에서 주님이 부탁하신 이웃들이 있고 그 이웃들을 어떻게
섬겨야 하는지, 성경의 많은 부분에서 세심하게 말씀하고 있습니다 사람을 차별하지
말라는 것, 내 몸과 같이 섬기고, 주님께 하듯 섬기라는 주요 핵심 메시지는 많은 말씀
에서 공통적으로 등장하고 있다. 그런데 이 프로젝트리더십이 늘 기억해야 할 사실이
있다. 그의 마음이 경영리더십 즉, 하나님과 마음이 하나여야 한다는 사실이다. 온 천
지 만물과 역사의 경영자는 하나님이다. 그의 계획과 인도하심을 따라 우리에게 맡겨
진 양들을 주님의 계획 안으로 인도해내는 사람들이다. 이를 위해서는 나의 삶을, 시
간을, 재물을 언제나 맡겨주신 양들을 위해 내어놓고, 주신 말씀처럼 '사람에게 하듯
하지 않고 주께 하듯' 그들을 섬기는 사람, 그가 바로 하나님의 기업에 필요한 참 프로
젝트리더십이다.

Step2 스텝2

1. 저자는 '현장을 지키는 성경적 리더십'의 한 예로 경영리더십과 프로젝트리더십에 대해 말하고 이 두 가지는 다르다고 말합니다. 〈P31〉 226쪽 이하 참조 저자가 제시한 내용을 참고로 하여 우리 회사의 경영리더십과 프로젝트리더십이 어떻게 이루어지고 있는지 묵상하여 정리해봅니다.

_____

_____

_____

_____

_____

_____

2. 나는 경영리더십 혹은 프로젝트리더십을 제대로 발휘하고 있는지 생각해보고, 부족한 점과 잘하고 있는 점을 정리하여 적어봅니다.

_____

_____

_____

_____

_____

_____

_____

P31을 읽게 된 작년 이맘때, 나는 내가 왜 이 사업을 하고 있는가를 반추하던 시기였다. 사업의 영역이 소위 '사회적 기업'이라는 바운더리 안에 있다 보니 오히려 허울 좋은 명분만 내세우며 본질적인 부분은 놓치고 있는 것이 아닌지 걱정이 많았다. 그런데 P31을 다 읽고 덮을 즈음에는 내가 선한 사업으로 세상을 바꾼다는 구호를 앞세우고 내부적으로는 얼마나 많은 이들을 외면하고 방치했는가를 깨닫고 회개를 하게 됐다. 경영 리더십의 부재, 나는 그들에게 내가 가고 싶은 목표만을 강조했을 뿐 그들과 그 비전에 관한 치열한 나눔도, 삶의 교제도 없었음을 깨달았다.

이후 나는 내가 세운 계획과 회사의 가치를 백지화하고, 나와 함께 일하는 사람을 향한 관심을 기반으로 회사의 방향을 수정하고 있다. 지금도 그 작업은 계속되고 있다. 또한 그동안 한국 사회 안에서 봇물처럼 쏟아져 나온 사회적 기업에 관한 잘못된 허상들을 버리고, 경쟁력 있는 기업가의 마인드에서 다시금 시장과 우리의 사업영역을 바라보는 계기가 됐다. 사회적 기업의 실체를 완전히 기업가 중심으로 정의하게 된 계기가 되었다.

그동안 나는 무엇을 하느냐에 집중하고 있었는데, P31식 비즈니스를 보면, 중요한 것은 무엇을 하느냐가 아니라 어떤 마음으로 접근하느냐, 어떤 과정을 통해서 이루어 나가느냐였다. 즉, 나와 나의 동료들이 하는 것이 사회적 기업이냐 아니냐가 중요했던 게 아니라, 실제로 사회적 기업이 지향하는 선한 방식으로 동료와 고객과 이웃을 섬기는 방법을 고민하고 실천하며 나아가고 있느냐가 중요한 것이다. 외형상으로 보면 팀하스는 주차 빌딩을 짓는 회사이지만 내용상으로 보면 범죄율을 줄이고 우범지역을 안전한 주거지역과 상업지역으로 만들어 사람들에게 큰 유익을 끼치는 선한 사업을 하고 있는 것이다. 또한 직원들이 비영리 구호단체의 임원을 활동하며 어려운 이웃의 삶에 적극적으로 뛰어들도록 함으로서 직원들의 영적, 일상적인 상태를 건강하고 건전하게 이끌어내고 있었다. 이윤을 추구하는 영리회사임에도 불구하고 이상적인 사회적 기업이나 다름없다.

　나는 지금 다시 사업을 시작하는 마음으로 P31 비즈니스를 실천하고 있다. 무엇보다 부족했던 나의 경영 리더십을 반성하고 사회적 기업이라는 외형을 뛰어넘어 내 회사가 추구하는 모든 상품의 콘텐츠를 통해 '물질적 이윤이 아닌, 이웃과 시대를 섬김으로 탄생하는 정신적, 영적 이윤'을 풍성하게 만들어내는 진정한 사회적 기업의 길을 찾아가고 있다. 이 길에서 나와 직원들 가운데 주셨던 소명과 은사들이 비로소 제 빛을 발휘하게 될 것이라 기대하고 있다.

二

Step3 스텝3

1. '내가 알고 있는 이상적인 경영리더십과 프로젝트리더십이 있다면 이를 사람들에게 소개하고 그 방법을 우리 사업현장에 적용할 수 있는지 토론하고 적어봅니다.

_____

_____

_____

_____

_____

_____

2. '직원과 함께 일하며 사업현장을 지혜롭게 관리하는' 경영자 혹은 프로젝트관리자가 되기 위한 나의 새로운 결심을 적어봅니다. 그리고 이를 실천한 뒤 회사 내에, 혹은 직원들에게 생긴 변화를 후에 다시 정리해봅니다.

_____

_____

_____

_____

_____

_____

나의 P31 비즈니스 일기
My P31 Workbook

———————————————————————

———————————————————————

———————————————————————

———————————————————————

———————————————————————

———————————————————————

———————————————————————

———————————————————————

———————————————————————

———————————————————————

———————————————————————

———————————————————————

———————————————————————

———————————————————————

———————————————————————

———————————————————————

———————————————————————

———————————————————————

———————————————————————

———————————————————————

———————————————————————

———

P31-10

높은 목적을 가진 회사

Seek the higher purpose

Concept 기본개념

이 말씀은 저자의 창업정신인 '우리는 어려운 사람들을 위해 존재한다We exist to help those in need'의 뿌리다. 저자가 이윤을 높이기 위해 노력하는 것은 그 이윤으로 남을 돕기 위해서다. 직원들이 입사할 때부터 창업정신을 나누고 그와 마음을 같이 하는 사람과 함께 일한다. 저자는 다른 회사보다 첫 연봉을 많이 주지 않는다. 지원자가 9만 달러를 요구하면 일부러 8만 달러를 제시한다. 어차피 돈을 보고 움직이는 사람은 연봉을 많이 주는 곳으로 가기 때문이다.

그러나 '어려운 이웃을 돕는다'는 창업정신에 동의하고 가치 있는 일에 기여하고 싶은 사람은 연봉과 상관없이 팀하스사를 택한다. 그가 성실하게 일하고, 창업정신을 실천한 것이 인정되면 그 후에는 연봉을 올려준다. 저자는 돈으로 사람을 경영하는 회사가 되는 것을 원하지 않기 때문에 직원들이 돈 때문에 떠나도 이 원칙을 고수한다. 힘들긴 하지만 직원들의 마음을 움직이는 것이 진짜 경영이라고 생각하기 때문이다.

―
―

> 그녀는 가난한 자들에게 팔을 펴며
> 필요한 것이 있는 곳에 그녀의 손을 펼치며 (31:20)
>
> She opens her arms to the poor
> and extends her hands to the needy.

Step1 스텝1

- **1.** 저자는 자신의 창업정신에 공감하는 직원들을 뽑기 위해 동종업계 다른 회사보다 적은 연봉을 제시합니다. 우리 회사는 어떤 기준으로 직원을 선발하는지 정리해 봅니다. 그리고 왜 그러한 기준으로 선발하는지 그 이유도 적어봅니다.

_____

_____

_____

_____

- **2.** 저자의 회사에서는 '어려운 사람을 돕는다'는 목적을 자신의 목적처럼 자랑스러워 하는 직원들이 더 열심히, 기쁘게 일을 한다고 말합니다. 우리 회사에서 가장 성실하게 일하는 직원의 동기는 무엇이며, 또 입사한 지 얼마 되지 않아 다른 회사로 간 직원이 있다면, 그 이유가 무엇인지 정리해봅니다.

_____

_____

_____

_____

Reference Bible

도둑질하는 자는 다시 도둑질을 하지 말고 돌이켜 가난한 자에게 구
제할 수 있도록 자기 손으로 수고하여 선한 일을 하라

엡 4:28

나와 직원들의 필요만을 위하여 일을 하는 것은 세상식 기업이다. 성도의 기업이라
면 당연히 어려운 이웃을 돕기 위해 동일한 열심과 노력을 기울여야 한다. 그것이 하나
님이 우리에게 당부하신 일이고 예수님이 오셔서 몸소 보이고 가신 기업 방식이다. 바
로, 세상은 꿈꿀 수도 생각할 수도 없는 '높은 목적을 가진 기업'이 갈 길인 것이다. 여
기에서 나오는 도둑질하는 자는, 당시의 부자와 세리, 그리고 성전 안에서 부정한 행
위를 하는 바리새인들을 가리키는 말이다. 요즘으로 본다면 여기에 많은 기업들도 포
함된다. 기업은 이윤을 추구해야 한다. 그러나 하나님의 축복으로 얻게 된 이윤을 나
만을 위해 쓴다면 '도둑질하는 자'나 다름없다. 그런 기업의 길에서 돌이켜 가난한 자
를 구제하라는 하나님의 명령을 기억해야 한다. 주님은 가난한 자를 구제하는 방법을
'자기 손으로' 하라고 명령하신다. 나의 재정, 나의 시간, 나의 땀 흘림을 통해서 하는
구제가 참으로 하나님이 기뻐하시는 성경식 구제라는 사실을 늘 기억해야 한다.

Step2 스텝2

1. 저자는 '돈으로 회사를 경영하는 건 경영이라고 할 수 없다'고 말합니다. 직원들이 이웃을 도우며 하나님을 아는 통로로 변해가도록 돕는 것이 진정한 경영이라고 말합니다. 〈P31〉 107-109쪽 내용 참조 내가 생각하는 이상적인 기업 경영은 무엇인지 묵상해 봅니다.

_____

_____

_____

_____

_____

2. 내가 지금 일하고 있는 직장을 선택한 이유가 무엇이었는지 생각해보고, 그것이 세상적인 명예나 물질적인 충족감 때문이었다면 그것으로 만족하고 있는지 묵상하고 적어봅니다. 혹은 반대로 명예도 없고 물질적으로도 부족하지만 직장에 대한 자부심이 있다면 그 이유가 무엇인지 정리해봅니다.

_____

_____

_____

_____

_____

_____

_____

나는 어렸을 때부터 어려운 친구를 보면 안타까운 마음이 들었다. 그 끝도 없는 궁휼한 마음이 점점 구체화되어 미국에서 공부를 마친 뒤 개발도상국으로 건너가 직접 일을 해보기도 했다. 그러나 내가 직접 비즈니스를 할 수 있을 거란 생각은 해보지 못했다. 그러다가 어려운 이웃의 문제를 해결하는 비즈니스가 있다는 사실을 알게 됐다. 그것이 바로 사회적 기업이었고 창업을 준비하던 중 〈P31〉을 만나게 됐다. 그리고 나의 작은 소망이 주님을 기쁘게 하고 주님의 축복을 받으며 어려운 이웃을 넉넉히 도울 수 있는 길이 있음을 확신하게 됐다.

〈P31〉을 대하면서 가장 놀라웠던 점은 이웃을 돕기 위해 시작한 회사가, 그것도 아주 근사하고 아름다운 회사가 이 치열한 경쟁의 시대에 존재하고 있다는 점이었다. 대표부터 전 직원이 틈만 나면 어려운 이웃을 위해 자신의 휴가와 시간을 헌신하고, 고객을 연인처럼 섬기며, 사고를 당한 동료가 1년 가까이 안심하고 치료를 할 수 있도록 섬기는 천국 같은 기업문화를 가진 회사. 사람의 힘이 아니라, 사람의 믿음과 순종을 보시는 하나님의 축복으로 성장하는 회사가 가능하다는 사실은 반신반의하며 창업의 길에서 서성이던 나에게 뜨거운 불덩이를 던졌다.

〈P31〉은 주님이 내게 주신 비즈니스 매뉴얼이다. 나는 이 매뉴얼에 따라 평생의 꿈이었던 어려운 이웃을 돕고 그들과 함께 살아가는 기업을, 상품을, 그리고 서비스를 만들어내는 데 올인할 것이다.

Step3 스텝3

- **1.** 저자는 직원들과 함께 함 마음으로 이웃을 사랑하는 예수님의 삶을 실천하며 그들을 하나님의 사랑으로 인도하는 자기만의 '성경적인 경영'을 시작했습니다. 그런 차원에서 우리의 기업 목표를 다시 생각해보고 '변화가 필요한 부분이 있다면 생각해보고 방법을 고민해봅니다.

- **2.** '나의 일터는 주님이 내게 주신 선교지라고 생각하십니까? 그렇다면 나는 돈, 명예 등 대가에 연연해하지 않고 동료와 고객과 이웃을 섬기는 '높은 뜻을 가진 사람'입니까? 그런 사람이 되기 위해서 지금 하고 있는 일이 있다면 정리해봅니다. 혹은 동일한 목적을 위해 앞으로 내가 할 수 있는 일들을 생각해보고 실천해봅니다.

나의 P31 비즈니스 일기
My P31 Workbook

P31
저자와의 쉼터

번잡한 뉴욕의 도심을 걷고 있던 시골출신 친구
가 '귀뚜라미 소리가 들린다'고 하며 근처에서 귀
뚜라미를 찾아냈다. 같이 가던 도시출신 친구가
'초능력'이라고 감탄하자 시골출신 친구는 동전
하나를 도로에 던졌다. 바쁘게 지나가던 사람들
이 멈춰서서 자기 돈이 떨어졌는지 살폈다. 그 모
습을 보던 시골출신 친구가 웃으며 말했다. "원래
자기가 중요하게 생각하는 소리만 들리는 거야."
나의 귀는 지금 무슨 소리를 듣고 있는가.

언젠가 한국에서 인터뷰를 할 때, 한 기자가 우리 회사를 가리켜 '거꾸로 비즈니스를 하는 회사'라고 표현했다. 기업이란 원래 이익을 추구하는 집단인데 이웃을 돕기 위해 비즈니스를 한다고 하니 그렇게 말을 한 것이다. 난 이 표현이 무척 마음에 든다. 세상적인 시각에서 보면 나와 직원들은 '거꾸로 비즈니스'를 하는 사람들이다 …. 〈저자 강연 중에서〉

TimHaahs staff photo
2009 Company Christmas Party

Summary

Level 2를 은혜 중에 잘 마치게 되었습니다.

전 과정을 함께 하면서 특별히 기억에 남는 것들을 정리해봅니다.

Miami Courthouse Garage,
Miami, FL

하나님의 빛은 가릴 수 없습니다. 마찬가지로 빛되신 하나님의 마음을 품고 싹을 틔우고 성장해나가는 하나님의 기업은 점점 세상 가운데서 사람들의 주목을 받게 됩니다. 그때, 사람들은 우리를 통해서 하나님 나라와 하나님의 사랑과 하나님 자녀들이 살아가는 모습을 보게 됩니다. Level 3에서는 하나님의 기업이 어떤 자세로 어떻게 고객과 이웃을 섬겨야 하는가에 대한 방법에 대해서 묵상하고 방법을 찾아봅니다.

P31 Workbook

Level 3

성경적 기업 나타내기

Revealing P31 Biblical Business

P31-11

항상 준비된 회사
Prepare for uncetainty

Concept 기본개념

잠언 31장은 읽을수록 그 의미가 한층 깊어진다. 21절이 특히 그렇다. 첫 구절의 'when it snows' 즉, '눈이 내리는 때'는 경영상으로는 위기가 닥칠 때로 해석할 수 있다. 그런데 그다음 구절이 흥미롭다. 여주인은 그녀의 가족을 염려하지 않는다. 회사로 말하면, 오너가 위기상황에서 회사와 직원 걱정을 하지 않는다는 것이다. 어떻게 이런 상황이 가능할까. 그것은 여주인이 눈 올 때를 대비해서 식구들에게 홍색 옷을 입혀두었기 때문이다. 즉, 평소에 부지런히 일해서 대비를 했던 것이다.

저자는 이 말씀을 적용하여 예비비 제도를 마련했다. 임원과 직원들의 동의를 받아 운영하는 예비비는 직원들이 어려운 일을 당했을 때를 위해 마련해둔 목적헌금 같은 것이다. 그래서 불경기로 회사가 재정난에 처했을 때 직원을 해고하기보다는 예비비를 쓰면서 인내한다. 직원들도 고용이 안정된 회사를 선호한다. 이 예비비를 유지하려면 임직원 모두의 희생과 양보가 필요하다. 일을 좀 더 해도 성과급을 받기보다는 예비비로 돌리기 때문이다. 하지만 직원 고용이 안정되면서 회사는 한 공동체가 되었다.

자기 집 사람들은 다 홍색 옷을 입었으므로

눈이 와도 그는 자기 집 사람들을 위하여 염려하지 아니하며 (31:21)

When it snows, she has no fear for her household;

for all of them are clothed in scarlet.

Step1 스텝1

1. 회사를 운영하면서 내가 우려하는 시장의 변수와 경영의 위험부담은 무엇입니까? 더불어 이에 대한 대비책, 전략이 있다면 정리해봅니다.

_____

_____

_____

_____

_____

2. 눈이 왔을 때, 여주인이 가장 먼저 떠올린 것은 '자기집 사람들', 자신이 섬기고 있던 이웃이었습니다. 회사에 위기가 닥쳐올 때 나의 머리에 가장 먼저 떠오른 것은 무엇입니까?

_____

_____

_____

_____

_____

_____

매 삼 년 끝에 그 해 소산의 십분의 일을 다 내어 네 성읍에 저축하여
너희 중에 분깃이나 기업이 없는 레위인과 네 성중에 거류하는 객과 및
고아와 과부들이 와서 먹고 배부르게 하라 그리하면 네 하나님 여호
와께서 네 손으로 하는 범사에 네게 복을 주시리라

신 14:28~29

개인이나 회사가 평상시에 저축하여 고난이나 위기에 대비하는 것은 성경적인 재정 운영 방법 중의 하나다. 팀하스 회사의 예비비처럼, 요셉은 7년간의 흉년에 대비하여 수확의 1/5을 저축했다. 그렇게 당시 세계 최고의 경제대국이었던 애굽의 멸망을 막았다. 그런데 성도나 성도가 경영하는 기업의 저축은 근본적으로 '가난한 이들을 위한' 것이라고 성경은 말씀하고 있다. 3년마다 수확의 1/10을 이웃에게 나누는 것은 매년, 혹은 매월 자기 소득의 1/30을 나누는 것과 같다. 이 나눔을 실천하면 하나님께서 우리가 하는 모든 것을 축복하신다고 약속하신다. 기업도 마찬가지다. 주님의 부족함 없고 다함없는 축복을 원한다면 내게 주신 복을 이웃에게 나누라. 그것이 나와 내 회사가 성장하고 안전하게 성장하는 최고의 경영전략이다.

Step2 스텝2

1. 위기상황을 벗어나기 위해 정리해고를 한 적이 있습니까? 저자는 예비비 제도를 활용해 정리해고를 피했습니다. 저자의 이런 경영에 대한 나의 생각을 적어봅니다.

_____

_____

_____

_____

_____

_____

2. 저자는 고용이 안정되었을 때 비로소 회사는 공동체가 되었다고 말합니다. 2016년 통계에 따르면 현재 한국에서 공무원 시험공부를 하는 청년이 40만 명을 넘었습니다. 이 두 가지 사례에서 고용안정이 회사 경영과 국가미래 경영에 미치는 영향을 묵상해봅시다.

_____

_____

_____

_____

_____

_____

P31er's story

   나는 사회생활을 시작한 지 얼마 되지 않았을 때부터 직원을 인터뷰하고 채용하는 매니저가 됐다. 외국계 기업이다 보니 한국 회사와는 다르게 대화는 온통 일에 관한 얘기뿐이었고, 일에 대해서는 냉정한 비판을 서슴없이 해대는 분위기였다. 어지간히 성격이 좋은 친구들도 가슴앓이를 하다가 회사를 떠나는 일이 비일비재했다. 그러다 보니 매주 몇 차례씩 인터뷰를 하여 직원을 채용하고 또 떠나보내는 일을 반복해야 했다. 비록 일은 고됐지만, 나는 중요한 사실을 알게 됐는데 그것은 사람마다 장단점이 있고, 서로 믿어주고 기회를 주면 숨겨진 재능이 빛을 발할 수 있다는 사실이다. 면접을 볼 때도 외형적인 스펙보다는 함께 일을 해보면서 사람을 살폈다. 사실 일을 하는데 스펙은 그리 중요하지 않았다. 인터뷰 때 얼마나 충실하게 대답을 하는지만 봐도 사람 됨됨이를 파악할 수 있었다.

   몇 년 전 내 회사를 시작했다. 그리고 몇 명의 직원을 채용했다. 이전 회사에서의 경험 때문에 제한된 상황에서나마 좋은 사람들을 뽑을 수 있었다. 물론 그들은 외형적인 조건이 화려한 사람들은 아니었다. 하지만, 나는 그들의 장단점을 잘 살려서 분위기 좋고 일하고 싶은 회사를 운영할 자신이 있었다. 그리고 그즈음, 나는 한 가지 결심한 게 있다. 신중하게 사람을 뽑고 그의 재능을 발휘할 수 있도록 하되, 절대 어떤 상황에서도 한번 채용한 직원을 내 스스로 내보내지 않겠다는 것이었다.

   첫 번째 이유는 우리가 하는 건축일 자체가 1, 2년 사이에 일을 파악하고 능숙하게 일을 할 수 있는 분야가 아니기 때문이다. 적어도 수년 이상 적응하는 기간이 걸리는데 그 기간은 기다려줘야 한다는 생각이었고, 그 후에는 '그동안 기다려준 것이 아까워서라도' 애써 키운 직원을 소중히 하며 가족처럼 함께 일을 하는 편이 나았기 때문

—

이다.

두 번째 이유는, 어떤 형태로든 해고는 당하는 사람에게 상처가 될 수밖에 없다는 생각 때문이다. 나는 아직도 상처를 주지 않으면서 해고를 하는 방법을 배우지 못했다. 그리고 내 회사가 하나님이 기뻐하시는 회사가 되기를 간절히 원하는 지금은, 직원 한 사람 한 사람에게 신경을 쓰기보다는, 그들을 섬기고 선대하고 싶은 나의 마음을 알아주실 주님을 의지하는 마음이 더 강하다.

실제로 신중하게 직원을 채용했다고 해도 막상 일을 시켜보면 나의 기대에 미치지 못하는 경우가 대부분이다. 하지만, 표준화된 기준에 따라 직원을 마치 일회용품 쓰듯 쉽게 버리는 것은 하나님이 기뻐하시지 않는다고 확신한다. 그래서 그 사람이 소화할 수 있는 정도의 일을 주고 최대한 자기 일을 즐겁게 하면서 성장하도록 도우려고 노력한다. 각자는 흠이 많고 부족한 게 많아도, 함께 서로의 단점을 커버하면서 각자의 장점을 발휘할 수 있도록 하면 능력이 출중한 사람을 쓰는 것 이상의 업무결과를 만들어낼 수 있다.

〈P31〉을 만난 뒤, 나는 비록 상황과 방법은 다르지만, 직원은 '섬기는 대상'이라는 확신을 갖게 됐다. 그리고 하형록회장님과 팀하스 회사에 부어진 축복을 기대하며 직원들과 생사고락을 같이하고 싶다.

一

Step3 스텝3

-1. '회사가 위기에 몰렸을 때, 전 직원 앞에 이 회사가 하나님의 회사임을 선포한 경험이 있습니까? 이 회사의 모든 기업 활동이 오직 하나님의 손에 있다는 사실을 직원 모두가 인식하고 있습니까?

_____

_____

_____

_____

_____

-2. "한번 뽑은 직원은 끝까지 책임지는 회사'가 되기 위하여 저자는 하나님께 '지혜'를 구합니다. 예비비를 마련하기 위해서는 오너와 직원 상호 간의 이해와 동의, 희생과 헌신이 필요했습니다. 고용안정을 위해 우리 회사에서는 어떤 방법이 가능할지 생각해보고 필요하다면 임원과 직원이 마음을 열고 대화해봅시다.

_____

_____

_____

_____

_____

_____

_____

_____

나의 P31 비즈니스 일기
My P31 Workbook

_____
_____
_____
_____
_____
_____
_____
_____
_____
_____
_____
_____
_____
_____
_____
_____
_____
_____
_____

P31-12

단정한 차림의 회사

Dress well

Concept 기본개념

첫 문장을 보면 여주인이 직접 자기 침대를 정리한다는 사실을 알 수 있다. 침대 정리란 허드렛일인데, 이 말씀에 따르면 아무리 직급이 높아도 개인 일은 직접 하라는 것이다. 이 습관은 경영자에게 특히 중요한데, 공과 사를 구분할 수 있는 장치가 되며, 회사 질서를 바로 세워 일을 공정하게 처리할 수 있게 된다. 그래서 저자의 회사에서는 사장이든 직원이든, 커피는 스스로 타고, 사용한 컵도 본인이 씻는다. 상사가 부하 직원에게 개인 일을 시키지도 않는다.

두 번째 구절에 보면, 이 여주인은 '현장형 오너' 임에도 불구하고 단정한 정장이었다. 이 말씀대로 우리 회사는 정장을 입는다. 구식이 아니냐는 말도 있지만 나에게 구식이냐 신식이냐는 중요하지 않다. 나에게 정장은 성경적일 뿐이다. 그런데, 우리 고객 중에는 정장을 한 공무원이나 정부기관 사람들이 많다. 놀랍게도 옷차림이 비슷한 사람들과 일을 하고 있는 것이다.

—
—

자기를 위하여 아름다운 이불을 지으며

세마포와 자색 옷을 입으며 (31:22)

She makes coverings for her bed;

she is clothed in fine linen and purple.

Step1 스텝1

- **1.** 경영자 혹은 회사의 중간관리자인 나는 비서나 아래 직원에게 개인적인 일을 부탁한 적이 있습니까? 주로 어떤 일을 시키는지 적어보고 꼭 남에게 시켜야만 했던 일인지, 혹시 습관적으로 시키는 것은 아닌지 묵상해봅니다.

_____

_____

_____

_____

_____

- **2.** 조직에서 공과 사를 혼동해서 발생한 사건들이 있었다면 나누고 토론해봅니다.

_____

_____

_____

_____

_____

_____

Reference Bible

그러므로 내가 첫째로 권하노니 모든 사람을 위하여 간구와 기도와 도고와 감사를 하되 임금과 높은 지위에 있는 모든 사람을 위하여 하라. 이는 우리가 모든 경건과 단정한 중에 고요하고 평안한 생활을 하려 함이니라.

딤전 2:1-3

낮에와 같이 단정히 행하고 방탕하거나 술 취하지 말며

롬 13:13

성숙한 그리스도인의 성품은 경건함과 단정함이다. 단정함은 주로 인품을 말하지만 당연히 외모와 몸가짐도 포함된다. 흔히 일하러 갈 때의 옷차림과 놀러 갈 때의 옷차림이 다르듯, 옷차림은 그 사람의 이미지에 결정적인 영향을 미친다. 그런데 주님은 당신의 백성들에게 여러 차례 '단정함'을 강조하셨다. 심지어는 밤에도, 즉 시대가 어지럽고 혼란한 때에도 '낮에와 같이 단정히 행하라' 하셨다. 이것은 그 옷차림과 외모가 내 마음의 인품과 신앙을 반영하기 때문이다. 너무나 옷차림이 화려한 목회자는 경건함에서 멀어 보인다. 너무나 격의 없이 차려입고 다니는 기업가의 회사는 그 옷차림과 별반 달라 보이지 않는다.

더구나 성경적으로 하나님의 기업에 속한 성도라면, 그 일이 비록 포도원에서 포도를 따고 물레를 돌리는 막노동이라 할지라도 언제나 변함없이 단정한 외모와 단정한 옷차림으로 사람들에게 호감과 신뢰를 주어야 한다. 거기에서 복음 전파의 기회가 다가온다.

—
—

Step2 스텝2

1. 내가 할 수 있지만 '누군가 하겠지'라는 심정으로 미루고 안 하는 일이 있다면 돌아
보며 정리해 봅니다. 특히 그 일을 후배나 직위가 낮은 직원이 하는 것을 당연하게
여긴 적이 없는 지 돌아봅니다. 더 나아가 그 마음이 어디에서 비롯되었는지 정리
해 봅니다.

_____

_____

_____

_____

_____

_____

2. 저자는 '내 일은 내가 알아서 하는' 공과 사 구분이 성경적인 것이라고 말합니다.
이로써 질서가 세워지기 때문입니다. 경영자로서 공과 사의 구분이 되지 않는다고
생각하는 점을 정리해보고, 바람직한 방법을 생각해서 실천해봅니다.

_____

_____

_____

_____

_____

_____

나는 종종 주변 사람들로부터 '단정하고 변함없는 스타일이며, 사람도 옷차림처럼 일관성이 있어 보여서 좋다'는 말을 듣는 편이다. 내가 이런 옷차림을 하게 된 것은 2000년 무렵부터다. 당시 나는 처음으로 건축현장을 감독하는 책임자가 되어 클라이언트와 함께 현장투어를 나가게 됐는데, 여자이면서 나이가 어려 보이고 체구가 작은 단점을 커버하기 위해 새로 구입한 값비싼 정장을 입고 현장에 나갔다. 그런데 현장을 돌다가 건축용 강력접착제가 옷에 묻어 결국 그 옷을 버리게 됐다. 건축가 초년생이었던 나는, 내가 건축현장에 적합하지 않은 옷을 입고 간 것은 생각도 않고 현장의 자재관리가 안 된다며 무척이나 오래 속상해했었다.

건축가는 하루에도 아주 다양한 장소를 다녀야 하는 직업이다. 먼지 펄펄 나는 건축현장에 갔다가 점심때는 고객과 고급 레스토랑에서 식사를 하고 오후에는 새로운 고객이 될지도 모르는 사람들 앞에서 프레젠테이션을 한 뒤, 회사에 돌아와 직원들과 프로젝트 관련 회의를 하는 게 보통이다. 하지만 그때마다 옷을 갈아입을 시간적 여유는 전혀 없다. 그래서 나는 심각하게 모든 상황에 잘 어울리면서 상대를 배려하고 나를 말해줄 수 있는 옷차림에 대해 고민하기 시작했고 다른 건축가들의 옷차림도 연구하기 시작했다.

회사의 업무활동을 할 때는, 나를 드러내기보다 프로젝트의 목적과 참여하는 사람들과의 소통에 집중해야 한다. 그때 나의 옷차림은 함께 일을 하는 상대를 향한 예의이며 배려이므로 단정하면서도 수수한 옷차림이 필요하다는 결론을 얻은 뒤 나의 트레이드마크가 된 지금의 옷차림으로 결정했다.

그로부터 얼마 뒤, 2004년 가을 무렵이다. 5년간 거래하던 회사의 책임자와 식사를

—

하게 됐다. 그 회사는 세계적인 명품 브랜드인 까르띠에였고, 내가 만난 책임자는 명품 브랜드의 책임자 다운 배우 같은 외모에 탁월한 패션 감각의 소유자였다. 그런데 식사를 하던 중 그 책임자는 내게 어느 브랜드의 옷을 입느냐고 물었다. 나는 '유명한 브랜드는 아니라고' 대답했다. 그러자 그는 자못 놀라는 표정을 지으면서 이렇게 말했다.

'언제나 외모가 단정하고 일관성이 있어요. 그건 자신감이죠. 그런 당신은 멋있고 믿음직스러워서 클라이언트로서 참 고맙게 생각합니다'

이후 그 책임자는 나에게 국내 프로젝트 뿐 아니라 아시아 지역 프로젝트까지 맡겨주었고 그의 신임은 내가 일하던 회사 성장에 결정적인 전환점이 되었다. 〈P31〉을 읽으면서 다시 비즈니스맨의 옷차림이 얼마나 중요한가를 알게 되어 놀라웠다. 또한 비슷한 옷차림을 한 사람들끼리 비즈니스를 하게 된다는 사실도 생생하게 체험하고 있다. 나를 드러내기보다 상대를 배려하는 마음이 담긴 단정한 복장은 외부적으로 '고객의 신뢰'를 주고 회사에도 큰 영향을 가져올 수 있다.

二

Step3 스텝3

1. 나의 옷차림이 나의 직장생활이나 기업 활동에 어느 정도나 영향을 준다고 생각
하십니까? 기업가나 직장인의 옷차림은 회사의 이미지에 영향을 줍니다. 나의 옷
차림이 사회적 직위나 직종에 잘 어울리는지 주변 사람들에게 물어봅시다.

_____

_____

_____

_____

_____

_____

2. 세마포와 자색 옷을 입으라는 성경의 말씀을 저자는 '정장'을 입는 것이라고 적용
했습니다. 여기서의 정장이란 단정하고 깔끔한 옷을 말합니다. 또한 맡은 일에 대
한 진지하고 성실한 태도와 마음가짐을 표현합니다. 주변에서 자신의 일과 일에
대한 태도가 잘 나타나는 옷차림을 하는 사람이 있다면 비결을 들어봅시다.

_____

_____

_____

_____

_____

_____

나의 P31 비즈니스 일기
My P31 Workbook

_____

_____

_____

_____

_____

_____

_____

_____

_____

_____

_____

_____

_____

_____

_____

_____

_____

_____

_____

_____

P31-13

고객의 성공을 돕는 회사

Help the client get promoted

Concept 기본개념

본문에서 성문은 지위와 신분이 높고 존경을 받는 사람들이 모이는 곳이다. 그런데 이곳에 여주인의 남편이 있다. 그것도 장로들, 즉 공동체의 리더들과 함께 앉아 있다. 저자는 여주인의 남편을 고객이라고 해석한다. 그리고 고객들이 성문에 앉도록 인정받고 존경을 받도록 최선을 다해 맡은 일을 해내야 한다고 생각한다. 물론 고객들이 모두 존경을 받을 만한 사람들은 아니다. 변덕이 많은 사람도 있고, 지극히 이기적인 사람도 있고, 나를 힘들게 고객도 많다.

하지만 저자와 팀하스 사람들은 한번 고객이 되면, 그가 맡겨준 일을 성실하게 끝까지 해내는 데 올인했다. 그렇게 하나님의 말씀에 뿌리를 두고 출범한 회사가 어떻게 다른지 보여주었다. 그 결과, 고객들이 승진을 하거나 조직의 인정을 받아 회사의 지도자들과 함께 앉는 일들이 일어났다. 그는 자신의 승진이 '높은 가치를 가지고 최선을 다해 일하는 파트너' 덕분임을 알고 계속 저자에게 설계를 의뢰했을 뿐 아니라 가족 같은 사람이 되었다.

그 남편은 그 땅의 장로들과 더불어 성문에 앉으며

사람들의 아는 바가 되며 (31:23)

Her husband is respected at the city gate,

where he takes his seat among the elders of the land.

Step1 스텝1

1. '당신 덕분에 승진했다'는 말을 고객에게 들어본 경험이 있습니까? 아니면 예상치 못한 고객에게서 감사와 감동의 메시지를 받은 적이 있습니까? 그러한 경험이 있다면 나누어봅니다.

_____

_____

_____

_____

_____

2. 반대로 나에게 가장 까다롭고 힘들었던 고객은 누구입니까? 어떤 요구와 태도가 힘들게 했는지, 또한 나는 그를 어떻게 대했는지 정리해보고 주변 사람들과 나눠봅니다.

_____

_____

_____

_____

_____

Reference Bible

각각 자기 일을 돌볼뿐더러 또한 각각 다른 사람들의 일을 돌보아 나
의 기쁨을 충만하게 하라

빌 2:4

사도바울이 빌립보 교회에 당부한 이 말씀을 보면 성도가 하나님을 어떻게 기쁘시게 해드릴 수 있는지 알 수 있다. 즉 다른 사람의 일을 돌볼 때, 사도는 물론, 주님도 충만한 기쁨을 느끼신다. 또한 여기에서 '돌본다'는 단어가 나의 일과 다른 사람의 일에 동일하게 쓰이고 있음을 볼 수 있다. 즉 내 일을 하듯 남의 일도 하라는 뜻이다. 그렇게 내 몸과 같이 남을 섬길 때 우리의 기업이 주님이 크게 기뻐하시는 기업이 된다.

흔히 고객을 '이윤을 가져다주는 사람'으로 보게 되면, 아무것도 할 것이 없다. 하지만 고객을 주님이 내게 맡기신 이웃으로 보게 되면, 그를 위해 '하고 싶은 일'이 한두 가지가 아니다. 여기에서의 다른 사람이란 첫째로는 같은 공동체 안의 지체요, 더 넓게는 공동체와 관련된 삶의 동행들이다. 그 가운데 고객은 내가 만든 상품과 서비스를 통해 연결된 매우 특별한 이웃이다. 저자는 그 고객을 귀한 자리로 오르게 하는 섬김의 모범을 보여주었다. 바로 다른 사람의 일을 내 일처럼 돌보아 주님의 기쁨을 충만하게 하는 섬김이다.

Step2 스텝2

1. 나에겐 최소 몇 년 이상 관계를 유지하고 있는 고객이 있습니까? 그렇다면 그런 안정된 관계를 유지할 수 있는 이유가 어디에 있다고 생각하는지 정리해봅니다.

_____

_____

_____

_____

_____

_____

2. 나는 나의 고객에 대해 얼마나 알고 있습니까? 저자는 고객의 성공을 넘어 그의 꿈을 이루어주는 기업이 되어야 한다고 말합니다. 〈P31〉 215쪽 이하 참조 나는 '나의 생각을 고객에게 주장하는' 사람인지 아니면 '고객의 꿈을 이루어주기 위해 노력하는' 사람인지 생각하여 정리해봅니다.

_____

_____

_____

_____

_____

_____

_____

_____

P31er's story

    브랜드 전략 컨설팅 서비스를 제공하는 우리 회사의 고객은 대부분 대기업이었는데, 2년 전쯤, 정부기관의 브랜드 신규 입찰을 통해 처음으로 중소기업의 제품 브랜드 개발을 하게 되었다. 중소기업은 대기업과는 달리 별도의 마케팅/디자인팀이 없기 때문에 제품 경쟁력은 있지만 브랜드파워가 없어서 시장 진입에 많은 어려움을 겪는다. 그래서 우리 회사와 같은 브랜드 개발 서비스가 절실했다.

    그 사실을 알고 난 뒤부터 나는 대기업 프로젝트를 통해 얻는 이익으로 중소기업을 돕게 해달라는 기도를 시작했다. 그리고 수익과는 상관없이 매년 2개의 중소기업 브랜드 개발 프로젝트를 자원해서 진행해왔다.

    그 결과, 중소기업이 우리가 만들어준 브랜드로 시장에 진입해서 해외에 진출하는 기쁜 결과들을 보게 됐다. 우리가 가진 (재능+시간+물질)을 창고에 넣어 썩히지 않고 필요한 곳에 흘려보낼 수 있도록 해주신 주님께 감사하며 앞으로도 변함없이 이러한 '나눔과 섬김'의 길을 통해 당신의 백성을 축복하시고 도우시는 '주님의 증거'가 되고 싶다.

—
—

136

Step3 스텝3

1. 나는 고객에게 어떤 사람입니까? 그에게 도움을 주고 그가 만나기 좋아하는 기업
가, 혹은 파트너입니까? 그들은 나의 어떤 점을 좋아한다고 생각하십니까?

_____

_____

_____

_____

_____

_____

2. 저자는 고객이 어떠하든지 최선을 다해 섬겼다고 고백합니다. 〈P31〉 128쪽 참조 그러
한 자세가 가능했던 것은 하나님의 말씀을 기준 삼아 경영했기 때문입니다. 고객
을 존중하기 위해 실천할 수 있는 방법을 찾아 정리해봅니다.

_____

_____

_____

_____

_____

_____

_____

나의 P31 비즈니스 일기
My P31 Workbook

P31

저자와의 쉼터

심실빈맥이라는 위험한 증상으로 죽음을 눈앞에
두고 있을 때, 나는 '내 심장을 고쳐달라'고 간절
하게 기도했다. 그런데 말씀을 통해 하나님을 깊
이 만나고 난 뒤, 나의 기도는 이렇게 변했다. '주
님, 나를 고쳐주십시오'. 그 날부터, 내 삶 가운데
새로운 일이 시작됐다. 우리는 고객과의 관계를
위해 기도하는가 아니면 그의 영혼을 위해 기도
하는가.

P31-14

엑스트라 마일을 실천하는 회사
Go the extra mile

Concept 기본개념

이 말씀은 상인들이 모시linen를 팔 때, 상품을 띠로 장식을 하여 장사를 한다는 의미이다. 저자는 이 '띠'를 엑스트라 마일extra mile로 보고 '전 직원이 반드시 실천해야 하는 3가지 가치Core Value'로 세분화해서 실천하고 있다.

첫째는 한 걸음 더 나아가는 '비욘드 도어beyond door'이다. 미국문화는 문밖배웅까지 잘하지 않는다. 그러나 고객에게 필요한 그 이상을 해주는 것을 핵심가치 중 하나로 보고 실천한다.

두 번째는 고객에게 정보를 제때 잘 알려주는 것이다. 회사에서도 보고가 제때 이루어져야 한다. 고객과도 마찬가지이다. 고객이 월요일에 중간보고를 요구하면, 그 전주 목요일이나 금요일쯤에 정보를 주는 식이다. 세 번째는 고객의 전화에 반드시 그날 안으로 리턴 콜을 하는 것이다. 저자의 경우 하루에 300여 통의 메일을 받는데 간단하게라도 모두 응답을 한다. 고객이 직원에게 항의를 할 때도 되도록 오너인 저자가 직접 그날 안으로 리턴 콜을 하거나 메일을 보낸다. 이런 신속한 응답과 성의는 회사의 신뢰를 높인다. 결과적으로 엑스트라 마일은 회사와 고객을 가족으로 만든다.

Step1 스텝1

엑스트라 마일 실천은 P31 비즈니스의 핵심 경영전략입니다. 먼저 〈P31〉의 129-137쪽에 있는 내용을 정독하고 각 항목별로 심도 있게 묵상하고 정리해보는 시간을 갖도록 합니다.

1. 나는 회사 지침/계약서 이상의 무언가를 고객에게 제공한 적이 있습니까? 당시 나의 태도나 의도에 대해서 생각해봅시다. 그 행동이 그를 위한 것이었는지 나를 위한 것이었는지 냉정하게 생각해봅니다.

_____

_____

_____

_____

2. 고객에게 엑스트라 마일을 실천하는 것이 경영상 손해인지 특별한 관계의 통로인지 묵상해봅니다.

_____

_____

_____

3. 엑스트라 마일을 실천하기 위해 매일 해야 하는 두 번째는 보고를 잘하는 것입니다. 나는 고객의 서류, 파일 작업을 성의를 다해 하고 있는지 생각해봅시다.

---

4. 주말과 휴가를 고려하여 고객이 궁금해하는 정보를 미리 제공하는 엑스트라 마일은 고객의 마음을 한 발 앞서 배려하는 것입니다. 나는 고객의 필요를 미리 읽고 배려하는지 돌아봅니다.

---

5. 세 번째 할 일은 받은 전화에 대해서 그날 안으로 반드시 리턴 콜을 하는 것입니다. 나와 우리 회사의 동료는 리턴 콜에 어떻게 대응하는지 돌아봅니다.

_____

_____

_____

_____

_____

_____

6. 세 번째 엑스트라 마일의 특징은 대기업의 오너인 저자가 고객의 불만, 프로젝트 세부사항 등을 챙긴다는 점입니다. 저자는 문제가 발생한 그날 즉각적으로, 고객의 일을 최우선으로 처리합니다. 나 혹은 우리 회사의 대표가 어떻게 대응하는지 정리해보고 이에 대해 느낀 점을 함께 정리해봅니다.

_____

_____

_____

_____

_____

_____

_____

_____

Reference Bible

너희 중에 있는 하나님의 양 무리를 치되 억지로 하지 말고 하나님의 뜻
을 따라 자원함으로 하며 더러운 이득을 위하여 하지 말고 기꺼이 하며

벧전 5:2

정확하게 엑스트라 마일의 정신과 일치하는 말씀이다. 또한 이 말씀은 예수님께서
우리에게 주신 두 가지의 대강령 중 두 번째, 즉 '네 이웃을 네 몸과 같이 사랑하라'는
말씀의 다른 버전이라 할 수 있다. 네 이웃을 너 자신과 같이 여기고 나의 목숨처럼 그
의 목숨을 소중히 여기고 그의 과거와 현재를 밝히 알아서 그의 미래의 유익을 위해
자원함으로 기꺼이 하라는 명령이다.

무슨 일을 하든지 마음을 다하여 주께 하듯 하고 사람에게 하듯 하지
말라. 이는 기업의 상을 주께 받을 줄 아나니 너희는 주 그리스도를 섬
기느니라

행 20:35

우리가 감당하는 일을 주께 하듯 한다면, 그 일은 말할 것도 없이 최고의 열매를 맺
게 될 것이다. 월급을 위해 일하거나, 눈에 보이는 성과나 승진을 위해 일하는 사람과
는 다른 차원의 성과를 가져온다. 그런 한 사람으로 인해 '기업이 상을 주께 받을' 것이
라고 말씀하신다. 이런 참 섬김이 회사의 사업영역을 확장시키고 회사의 미래가 달라
지는 축복의 통로가 된다.

—
—

Step2 스텝2

1. 엑스트라 마일의 뿌리가 된 성경말씀은 '또 누구든지 너로 억지로 오 리를 가게 하거든 그 사람과 십 리를 동행하고(마 5:41)'입니다. 〈P31〉 130쪽에 나온 엑스트라 마일의 사례를 보고 이럴 경우 나와 우리 회사는 어떻게 대응하는지 정리해봅니다.

---

2. 저자는 엑스트라 마일을 실천하는 한 방법으로 고객을 연인처럼 배려하라고 권유합니다. 실제로 저자는 고객의 삶에 세심하게 관심을 갖고 있고 행동으로 그 관심을 표현하여 가족같은 관계를 유지하고 있습니다. 〈P31〉 134-135쪽 참조 나와 고객은 어떤 사이입니까? 묵상해보고 느껴지는 바를 정리해봅니다.

거래처를 방문할 때면 나는 가능하면 우리 제품을 사용하는 현장을 먼저 둘러보고 작업하시는 분들과 제품에 대해 대화도 나눈다. 현장에서 제품으로 인해 생길 수 있는 불평이나 불편함이 없는지를 미리 파악하고 대처하기 위해서다. 그런데 참 묘하게도 현장에서 제품을 사용하는 분들은 평소에는 불만 없이 잘 쓰고 있다가도 내가 가면 위압적인 태도로 돌변해서 불만을 늘어놓는다.

사실 현장에서 제품에 대한 클레임은 그 제품에 대한 정보를 충분히 교환하지 못해서 일어나는 경우가 많다. 그때, 서로를 섬기고 소중히 여기는 마음이 있으면 정보 교환이 원활하지만 그런 마음이 없을 때는 아무리 요긴한 정보라도 자기 생각으로만 받아들이기 때문에 제대로 공유가 되지 않는다. 이 현장에서도 그런 현상이 일어나고 있었다. 보다 긴밀한 소통을 위해 바쁜 시간을 쪼개어 가는 나의 마음은 점점 무거워졌다. 이럴 바엔 차라리 내 제품을 믿고 구매해주는 대표를 만나는 게 더 낫겠다는 마음으로 돌아올 때가 한두 번이 아니었다.

그러던 어느 날 불편한 마음을 감추고 다시 현장에 갔더니 늘 계시던 한 분이 보이질 않았다. 사정을 들어보니 큰 교통사고를 당해서 당분간 출근을 못 한다는 것이다. 거래처 담당 이사가 병문안을 해도 좋다고 하기에 돌아오는 길에 병원에 들렀다. 평소에 말도 안 되는 불만을 털어놓던 그분의 표정에 놀라움이 역력했다. 나는 지나간 일은 잊고 딱한 처지에 놓인 그분을 위로하다가 갑자기 기도를 해주고 싶다는 마음이 들어 기도를 해도 좋냐고 말했더니 의외로 기쁘게 수락해주었다. 그래서 기도를 하는데 마음에 큰 은혜가 느껴졌다. 얼마 후, 그가 완쾌되어 다시 현장으로 돌아왔다. 물론 그분의 태도는 180도 달라졌다. 회의 때마다 먼저 우리 제품의 개선사항을 건의해서 우

—

리를 도와주었다.

그날의 병문안을 통해 무엇이 진정한 엑스트라 마일인지를 체험하게 됐다. 그중 하나가 고객사의 사장만을 섬기는 것이 아니고 고객사 직원을 내 직원같이 섬겨야 한다는 것이다. 그것이 바로 주인이 부르면 종이 달려가듯이 고객을 주님처럼 섬기는 자세라는 것을 알게 되었다. 앞으로 나는 더욱 적극적으로 엑스트라 마일을 고민하며 확대해 나갈 생각이다.

Step3 스텝3

1. 29살에 미국의 유명 건축회사 중역이 된 청년과 보통 사람의 차이는 아주 작은데서 비롯됐습니다. 〈P31〉 43-45쪽 참조 지금 당신의 회사에서 이런 작지만 중요한 차이를 보이는 직원이 있다면 그 사람의 '차이점'에 대해서 이야기해봅시다. 혹시 상사가 칭찬하는 나의 '차이점'이 있다면 나눠봅시다.

_____

_____

_____

_____

_____

_____

2. 엑스트라 마일을 실천하기 위해 저자의 방법을 따라 하는 것도 좋지만, 우리 회사 안에서 꼭 필요한 '엑스트라 마일'이 있다면 그 방법을 생각하고 실천해봅시다.

_____

_____

_____

_____

_____

_____

_____

나의 P31 비즈니스 일기
My P31 Workbook

P31-15

품격과 인품을 갖춘 회사
Be distinguished

Concept 기본개념

잠언 31장의 여주인에게 참으로 어울리는 표현이다. 우리 회사는 이 말씀을 따라 직원들이 '눈에 띄는, 구별되는 distinguish 사람이 되는' 것을 사훈의 하나로 삼고 있다.

이런 사람을 한마디로 규정하긴 어렵지만 이 말씀 속의 여주인처럼 능력이 있지만 겸손하고 기품과 따뜻함이 있어 늘 함께하고 싶은 사람, 가볍지 않으면서 신뢰가 가는 사람일 것이다. 또한 여주인은 다가올 날을 바라보며 웃을 수 있는 여유와 어려운 일을 당해도 침착함을 잃지 않는 대범함과 믿음이 있다.

저자는 회사 직원들이 그런 사람이기를 희망한다. 그리고 그의 회사가 고객들에게 그런 회사이기를 원한다. 회사의 신용과 품격을 세우는 가장 중요한 기준은 환난이 와도 흔들림 없이 운영되는 것이라 생각한다. 왜냐하면 그런 회사야말로 상당한 실력과 정직이 있다는 것이고 이미 대비책이 있는 것이기도 하며, 직원들이 리더를 믿고 따르는 회사라는 의미이기 때문이다.

능력과 존귀로 옷을 삼고 후일을 웃으며 (31:25)

She is clothed with strength and dignity;

she can laugh at the days to come.

Step1 스텝1

1. 나에게 '남들과는 다른, 두드러져 눈에 띄는distinguished' 사람이 있는지 돌아봅니다. 어떠한 점이 나에게 그런 느낌을 주었는지 정리해봅니다.

_____

_____

_____

_____

_____

2. 이번에는 나의 능력과 성품을 묵상해봅니다. 평상시 내가 생각하는 나의 장점과 부족한 점을 정리해봅니다. 혹은 주변 사람들의 피드백을 정리해도 좋습니다.

_____

_____

_____

_____

_____

오직 너희를 부르신 거룩한 이처럼 너희도 모든 행실에 거룩한 자가 되
라 기록되었으되 내가 거룩하니 너희도 거룩할지어다 하셨느니라

벧전 1:15-16

거룩은 하나님의 성품이며 하나님은 우리에게 동일하게 거룩하라 명하신다. 거룩은 '구별된다'는 의미가 포함되어 있다. 따라서 참 성도는 세상 사람과 구별되는 삶을 살아야 한다. 그때 세상은 우리를 돌아보고 하나님의 능력과 사랑을 발견하게 되는 것이다. 거룩함은 비단 사람에게만 한정되는 것이 아니다. 세상과는 구별된 마음과 가치를 가진 이들이 만드는 상품과 서비스 또한 세상과는 구별된 힘으로 사람을 변화시키고 그 마음을 움직인다. 그것이 거룩함의 힘이다. 비즈니스 현장에서도 마찬가지다. 우리가 세상과 구별된 길을 선택하고 그 길을 간다면, 지금 우리가 만드는 상품과 서비스 역시 이전의 것과는 전혀 다른 '구별된' 아름다움과 유익함을 갖게 된다. 중요한 것은 우리가 비즈니스의 뿌리를 어디에 내렸느냐이다.

Step2 스텝2

1. 우리는 무언가 두드러지고 구별되는 느낌의 사람과 가까워지기 원합니다. 그에게서 풍기는 인상과 인품에 마음이 편안해지기 때문일 것입니다. 이처럼 품격을 갖추는 것은 비즈니스에서 매우 중요합니다. 잠언 31장 10절부터 25절까지의 말씀을 바탕으로 나에게 부족한 점과 나의 장점을 정리해봅니다.

_____

_____

_____

_____

_____

_____

2. '후일을 웃으며'라는 문구처럼, 저자는 이러한 능력과 기품은 "어려움을 당했을 때도 여유를 잃지 않고 일관성 있게 행동하는 것"이라고 설명합니다. 나는 위기 상황, 어려운 상황에 처했을 때 어떻게 대처합니까?

_____

_____

_____

_____

_____

_____

_____

1991년초, K재벌기업 명예회장실에서 근무하던 1993년 봄, 사건이 터졌다. 당시 나의 주된 업무 중 하나가 금융계열사의 실적을 정리하여 보고하는 것이었다. 그 자료는 그대로 미디어에 넘겨지는데, 이상하게도 실제 데이터와 다르게 실리곤 했다. 나는 증권사 기획실장에게 전화해 이유를 물었다. 그랬더니 명예회장의 아들이 나타났다. 그리곤 '자네 아버지하고 더 오래 일할 거 같아 아님, 나랑 더 오래 일할 거 같아?' 하며 자신이 실적을 부풀려 보고하라 했으니 모른 척하고 잘 지내보자는 것이었다.

그로부터 일주일간 허위보고를 하는 게 죽을 만큼 힘들었다. 무엇보다 하나님이 이 일을 어떻게 보실까 생각하니 견딜 수가 없었다. 그래서 단단히 결심을 하고 명예회장에게 사실대로 보고했다. 그러자 명예회장은 '이런 정직한 직원이 있어서 다행이군' 하며 좋아했다. 나는 허위보고를 하지 않게 되어 마음이 홀가분했다. 그렇게 넘어가나 싶었는데 일주일 뒤 해고를 당했다. 이유를 묻자 이런 대답이 돌아왔다 "아들을 자를 수는 없잖아?"

그렇게 실업자가 된 나는 금융기관에 취업하려고 노력했으나 1년이 되도록 직장을 얻지 못했다. 하지만 옳은 일을 했고, 거짓에 내 삶의 뿌리를 내릴 수는 없었다. 어려운 시절이 계속됐고, 나는 당장 생활비를 걱정해야 되는 상황에 이르렀다. 하는 수 없이 나는 내 경력을 살릴 수 있는 금융기관 취업을 포기하고 벤처기업에 취직을 했다. 힘든 시기였으나 나의 삶은 그 어느 때보다도 주님이 주신 '거룩한' 삶에 대한 열망이 강했고, 내가 세상이 아닌 주님에 속한 백성이라는 그 '구별됨'만으로 충만한 기쁨이 있었다. 그렇게 약 3년의 시간이 지났을 때, 다국적 기업에서 스카웃 제의가 들어왔다. 이전 직장의 상사분이 다국적 기업으로 자리를 옮기면서 나에게 기회를 준 것이다. 그것

—

도 '금융기관 과장경력'이 전부인 내가 부장이 됐다.

그런데 그 직후, 더 놀라운 일이 벌어졌다. IMF사태가 터진 것이다. 정직하지 못한 경영을 해온 K재벌그룹의 금융기업들이 모두 문을 닫았고 그 바람에 수많은 직원들이 일자리를 잃었다. 그 사태를 지켜보며 나는 놀라움을 금할 수가 없었다. 만일 내가 그 재벌그룹 아들의 제안을 받아들이고 부정직하게 계속 그 자리에 있었더라면 최악의 경제상황에서 일자리를 잃고 회복할 수 없는 어려움에 직면했을 것이기 때문이다.

그러나 하나님을 두려워하여 진실을 말함으로서 모두가 최악의 경제로 힘들어할 때 나는 다국적 기업에서 승승장구하며 7년 뒤에는 또 다른 다국적 기업으로 자리를 옮겨 중역이 되는 축복을 받았다. 높은 목적을 갖는다는 것은 비단 회사에만 국한되는 게 아니다. 눈앞에 보이는 이익을 쫓기보다는 하나님을 두려워하고 하나님의 질서를 세우는데 당장의 희생을 감수할 때, 주님께서는 나를 보호하시고 다시 세우사 더 큰 축복으로 덮으신다는 사실을 알게 됐고, 그 축복을 지금까지 누리며 살고 있다.

Step3 스텝3

1. 우리 회사를 돌아봅시다. 어려움에 처했을 때 회사의 분위기는 어떻게 변화됩니까? 아니면 일상적으로 평온하게 움직입니까? 위기 상황에서의 이러한 태도가 우리 회사의 품격을 반영한다고 생각합니까?

_____

_____

_____

_____

_____

_____

2. 회사의 품격은 구성원 한 명 한 명의 인품이 어우러져 형성될 것입니다. 그리고 그것이 우리 회사의 신용이 될 것입니다. 평소 직원들의 인품이 성장하도록 하기 위하여 어떤 노력을 기울이고 있습니까?

_____

_____

_____

_____

_____

_____

_____

_____

나의 P31 비즈니스 일기
My P31 Workbook

Summary

Level 3를 은혜 중에 잘 마치게 되었습니다.

전 과정을 함께 하면서 특별히 기억에 남는 것들을 정리해봅니다.

Annapolis Towne Centre,
Annapolis, MD

잠언 31장 26절부터 32절까지는 〈P31 비즈니스〉가 구체적으로 세상으로 흘러 들어가는 모습과 그 과정에서 비즈니스맨이 해야 할 선택과 지혜, 그리고 하나님의 기업이 세상 가운데 아름답게 섰을 때 부어지는 은혜와 축복에 대해서 언급하고 있다. 이 땅에 하나님의 기업을 세우기는 쉽지 않지만, 말씀에 의지하여 용기를 가지고 도전하면, 마르지 않는 축복의 물줄기를 만나게 된다. 그리고 그 축복의 물줄기를 타고 세상으로 흘러들어가 세상을 놀라게 하고 그들의 칭찬을 들으며, 세상을 주님께로 돌이키는 복음의 도구로써 역할을 하기 시작한다.

Level 4

성경적 기업 흘러가기

Spreading Influence of P31 Biblical Business

P31-16

인애로 격려하고 조언하는 회사

Be eloquent

NOTE :

Concept 기본개념

이 말씀에서 주목할 점은 성경에서 지혜wisdom와 인애 faithful instruction를 구분하여 말하고 있다는 것이다. '입으로는 지혜를 말하되, 혀로는 인애의 법을 말한다'는 게 무슨 의미일까. 회사의 업무는 주로 입과 혀로 행해진다. 바로 그 과정에서 지혜롭게 말하되 인애의 법을 지켜야한다는 것이다. 즉, 상대방이 부하직원이라 해도 부드러운 어조로 인자하게 존중하며 말해야 한다.

상사의 혀가 인자하면 회사 내부의 대화와 소통이 물 흐르듯 원활하다. 또한 거래처와 고객과의 관계도 원만해진다. 또한 험담과 감정적인 말, 근거 없는 소문은 돌이킬 수 없는 상황을 낳는다. 이런 상황을 막으려면 욕설과 비방을 공식적으로 금하는 게 좋다.

실수를 한 직원에게도 비난성 발언은 금물이다. 일의 해결에는 전혀 도움이 되지 않으면서 상처를 주기 때문이다. 대신 함께 문제의 원인을 밝히고 해결책을 찾아야 한다. 그렇게 격려하고 용납하는 것이 인애의 법이다.

입을 열어 지혜를 말하고
그의 혀로 인애의 법을 말한다. (31:26)

She speaks with wisdom,
and faithful instruction is on her tongue.

Step1 스텝1

- **1.** 내가 직원들에게 하는 말투를 돌아봅시다. 혹시 호통이나 강한 어조, 추궁하는 말투를 쓴다면 그 이유가 무엇인지 묵상해봅니다. 나아가 직원들을 잘 통솔하고 이끄는 리더의 화법은 어떤지 묵상해봅니다.

- **2.** 나의 입장에서 상사나 지인들과의 대화에서 큰 격려와 조언을 느낀 때를 기억해봅시다. 어떤 말이 당신에게 다정하면서도 위로를 주었습니까? 그 말은 나에게 어떤 영향력을 끼쳤습니까?

거짓 입술은 여호와께 미움을 받아도 진실하게 행하는 자는 그의 기뻐
하심을 받느니라

잠 12:22

노하기를 더디 하는 자는 용사보다 낫고 자기의 마음을 다스리는 자는
성을 빼앗는 자보다 나으니라

잠 16:32

주님이 우리에게 고난과 위기를 허락하시는 것은 우리의 연약함을 통하여 주님의 은혜를 더욱 알도록 하기 위해서다. 그런데 그 고난과 위기를 인간적으로 잘 피하려는 데 급급하면 거짓말을 하거나 화를 내게 된다. 이런 식으로 많은 성도들이 넘어진다. 특히 비즈니스 현장에서 거짓말은 '공인된 전략' 쯤으로 여겨지는데 이것은 세상적인 속임수이자 어리석음이다. 눈앞의 상황을 모면하기 위한 눈가림이 세상 사람에겐 통할지 몰라도 하나님은 심중을 살피신다.

주님은 성도가 거룩함을 지키도록 도우시기 때문에 그런 일이 있을 때 덮어주지 않으신다. 오히려 그것을 드러내셔서 우리로 잠시 수치 가운데 던지신다. 다시는 그런 삶을 반복하지 않기 위해서다. 비즈니스를 할 때나 직장생활을 할 때 여호와께 미움을 받는 '거짓 입술'을 버려야 한다. 대신 여호와를 기쁘게 하는 '진실'을 행하자. 나의 감정, 나의 기분보다 '노하기를 더디 하는 자'를 용사보다 낫게 여기시는 하나님을 바라보자. 성도라면 어떤 경우에도 거룩해짐을 선택해야 한다. 성경도 저자도 그 거룩함이 '끝까지 참음'과 '자기희생'에서 나온다고 말하고 있다.

—
—

Step2 스텝2

1. 저자는 자신의 잘못을 인정하고 그에 상응한 행동을 취함으로써 상상치도 못 했던 새로운 차원의 인간관계와 신뢰를 얻게 되었고 이는 나중에 경제적으로도 충분한 보상이 돌아오는 경험을 했습니다. 〈P31〉 142-146쪽 참조 다른 사람 앞에서 나의 실수나 단점을 인정하기 어렵다면, 그 이유가 무엇인지 생각해봅시다.

_____

_____

_____

_____

_____

2. 요즘 한국 사회에서 상처를 주는 말에서 비롯된 갑을 관계가 화두가 되어 언론에 오르내립니다. 갑의 입장에서 을에게 말로써 모욕을 주기 때문에 일어나게 됩니다. 혹시 과거에 직원이나 지인들에게 말로써 실수를 한 경우가 있는지 생각해서 적어봅니다.

_____

_____

_____

_____

_____

_____

_____

얼마 전 일이다. 내가 해외로 출장을 간 사이 나의 부팀장이 아무런 연락도 없이 무단결근을 하는 상황이 벌어졌다. 처음엔 화가 머리끝까지 치밀었고 결코 그냥 넘어가지 않겠다고 별렀다. 나의 독특한 개성 중 하나는 '사리분별'하여 정확하게 일을 정리하는 능력이었다. 그래서 직장에서 일어나는 많은 문제들이 빠르게 속시원히 해결됐다. 그 과정에서 상처를 받는 사람이 있을 수는 있으나 그런 것은 '질서와 정의'를 세우기 위해서는 어쩔 수 없다고 생각했다. 이번 일도 그런 면에서 철저하게 처리하는 게 옳았다.

그런데 그 즈음 나는 성경을 통독하며 하나님의 마음을 알고자 노력하던 때였다. 그리고 성경통독반의 리더 집사님이 주신 〈P31〉을 읽으며 평소 사람보다 원리원칙을 중시하던 나의 태도를 돌아보기 시작한 무렵이었다. 저자는 더 치명적인 사고를 친 직원도 질책 한마디 없이 온전한 사랑으로 품어 그를 회복시켰다. 하나님은 상황이나 사람과 더불어 싸우지 말고 하나님께 탄원하라고 하셨고, '온유'함을 귀하게 보셨다. 즉, 지혜로운 자도, 용사도 아닌 온유한 자가 진정한 리더가 된다고 하셨고, 온유한 사람은, 어떤 경우에도 성도다운 거룩함을 잃지 않는 사람이어야 하는 것이다.

그래서 나는 '사리분별'에 밝은 나의 재능으로 일을 해결하는 것을 최후의 선택으로 미루기로 했다. 상황의 주인은 주님이신데 내 판단으로 결정하는 것은 교만이라는 생각이 들었다. 그래서 부팀장을 용서하고 말로 타이르고 기다려주기 위해 노력했다. 그 결과, 그는 이전보다 더욱 나를 신뢰하고 따르며 열심히 자기 일을 해내는 사람으로 변해가고 있다.

직원들에게도 어떤 경우에도 누구를 상대하더라도 감정적으로 처리하지 않도록 권

—

유하고 있다. 그것은 아무 해결 능력이 없는 인간적 성냄보다 모든 일에 지각이 뛰어나신 하나님을 구하는 것이 지혜라고 믿기 때문이다. 갑작스러운 일정 변경과 고객의 감정적 폭언, 일방적인 계약 취소 등은 인간적인 눈으로 볼 때는 '반드시 앞뒤를 가려 따져야 하는 불합리한 일'이다. 그럼에도 불구하고 화를 내기보다는 정확한 상황과 저간의 사정을 파악한 뒤 조용히 기도의 자리로 나아가기 위해 노력한다. 그리고 잠시 판단과 해결을 미룬 후 그 한 템포를 주님께 맡기고 차분하게 상황을 해결하기 위해 노력한다.

물론 사건의 해결 속도도 느리고 결과도 기대에 미치지 못하는 경우가 많다. 하지만, 한번 이런 식으로 해결을 하면 같은 일이 반복되지 않았다. 얼굴도 모르는 고객에게 이유도 없이 당할 때는 눈물이 펑펑 나도, 그 말을 다 들어주고 나면 고맙다는 말이 돌아왔다. 그렇게 직원들과 고객들의 마음을 얻게 되면서 상황은 나 혼자 해결해야 할 문제점이 아니라 함께 이겨내야 할 '무엇'으로 변했다.

나의 작은 변화와 도전으로 인해, 내가 책임 맡고 있는 팀 분위기와 사람들과의 관계가 무척 편안해졌다. 물론 사고와 예상치 못한 상황은 끝없이 반복되지만, 마음은 비교적 흔들리지 않는 평강 가운데 있다. 그것이 나의 가장 강력한 '일의 전략'이자 '삶의 무기'다.

Step3 스텝3

1. 회사 내에서 어떤 직원이 큰 실수를 한 경우가 있는지 돌아봅니다. 그때 나는 그
직원에게 무엇이라 말했는지 기억해봅니다. 다시 그 때로 돌아간다면 그 직원에게
무엇이라 말하는 것이 인애의 법을 실천하는 것인지 생각해보고 적어봅니다.

---

2. 평상시 나의 말버릇, 습관 중에서 고칠 점이 있는지 생각해보고 그 내용을 정리한
뒤 실천해봅니다.

나의 P31 비즈니스 일기
My P31 Workbook

P31-17

투명한 회사
Be honest

Concept 기본개념

　이 말씀을 회사 내 자금 운용과 관련하여 해석하면 새로운 통찰을 안겨준다. 첫 문장을 보면, 여주인은 그녀의 가정에서 일어나는 모든 일affairs을 돌보고 지킨다watch over. 회사 운영으로 적용하면 오너가 회사에서 일어나는 모든 대소사들을 알고 보살피는 것이다. 특히 자금 운용과 관련하여 오너는 여주인과 같은 태도를 취해야 한다. 그것이 회사와 직원들의 안정을 위한 것이다.

　첫 번째 구절이 내부 운영과 관련된 것이라면 두 번째 문장은 회사 바깥일을 어떻게 돌볼 것인지에 대해 말하고 있다. 비즈니스를 조금이라도 해 본 사람들은 알겠지만, 사업을 하다 보면 공금을 유용하거나 보험료 비리, 뇌물 수수의 유혹이 늘 나를 따라다닌다. 저자가 몸담고 있는 건설업계는 비리의 온상이 될 수 있는 여지가 많은 분야다. 그래서 저자는 그런 속임과 거짓을 원천봉쇄하기 위해 다양한 방법을 만들어 노력하고 있다. 첫째, 개인과 회사에 들어온 돈의 출처를 소상하게 공지하고 우리가 번 것이 아닌 것은 아니라고 정직하게 밝힌다. 또한 수고하지 않고 쉽게 돈 버는 일을 즐겨하지 않는다.

자기의 집안일을 보살피고
게을리 얻은 양식을 먹지 아니하나니 (31:27)

She watches over the affairs of her household

and does not eat the bread of idleness.

Step1 스텝1

1. 비즈니스를 하다 보면 상대방을 속이고 더 이득을 취하고 싶은 유혹이 올 때가 있
습니다. 현재 종사하는 업계에서 가장 대표적인 유혹이 무엇인지 정리해봅니다.

_____

_____

_____

_____

2. 저자는 '정직하게 땀 흘리지 않고 게을리 얻은 양식'은 먹지 말아야 한다고 말합니
다. 혹시 나는 비즈니스를 하면서 부당하게 이득을 취한 경우가 있습니까? 있다면
내용을 솔직히 적고, 회개합니다.

_____

_____

_____

_____

_____

_____

왕은 정의로 나라를 견고하게 하나
뇌물을 억지로 내게 하는 자는 나라를 멸망시키느니라

잠 29:4

하나님의 기업은 하나님으로부터 오는 재정에 의해 운영된다는 사실을 믿는가. 성경은 '뇌물을 내게 하는 자'에 대해 엄중하게 경고한다. 뇌물을 받은 기업은 망한다고 말씀한다. 그렇다면 과연 나의 기업은 어떤 재정으로 운영되고 있는가.

대가성 식사나 대접, 내 맘에 드는 사람에 대한 선심성 인사 조치, 땀 흘린 것 이상의 과한 대가 등이 우리의 기업 안에서 횡행하고 있다. 그래서 힘없는 직원들이 줄타기를 하고 무리 짓기를 좋아한다. 이런 모든 일들이 뇌물, 즉 하나님이 기뻐하시지 않는 재물과 서비스에 의해 일어나는 현상이다. 이런 회사는 망한다. 그것이 하나님의 말씀이다.

반면 회사 안에 정의가 넘칠 때, 하나님은 그 기업을 축복하시고 세상 가운데 높이 들어 세우신다. 의롭지 않은 돈을 용기 있게 뿌리치며, 사회에 유익이 있는 일을 위해 모두가 땀 흘려 섬기고 그 대가를 공정하게 나누어서 먹고 살며, 남는 것으로 가난한 자를 힘써 돌보는 회사. 그 회사가 바로 하나님의 축복을 받는 '투명한' 회사. 거룩한 주님의 교회다.

Step2 스텝2

1. 우리 회사의 재정에 대해 동료들과 얼마나 공유하고 있습니까? 회사의 재정에 대해 직원들과 공유할 수 없다면 그 이유가 무엇인지 생각하고 정리해봅니다.

_____

_____

_____

_____

_____

_____

_____

2. 일을 하던 도중, 내가 받은 대가가 내가 하는 일의 가치보다 많다고 생각될 때, 그만큼의 돈을 돌려준 적이 있습니까? 만일 돌려주지 않았다면 그 이유는 무엇입니까?

_____

_____

_____

_____

_____

_____

_____

P31er's story

　내가 본격적으로 창업을 마음먹은 것은 4년 전이다. 동업을 하기로 한 뒤 우리는 가족과 친지, 지인들을 찾아다니며 많은 조언을 들었다. 그때, 우리의 '멘토'분들이 공통적으로 권한 것이 있었다. 그것은 바로 '허세 없이 내실 있는 창업'을 하라는 것이었고, 이를 위해 창업에 필요한 많은 공공 장치들을 활용하고 그것으로도 부족한 것을 채우는 방법으로 '겸손히 부탁'을 하라는 것이었다. 그런데 거기에 반드시 필요한 것이 정직이었다.

　사실, 살면서 가장 힘든 일 중 하나가 나 자신에 대해 정직한 것이다. 특히 창업을 하는 과정에서 허세를 부리기가 쉽다. 로망도 크다. 그래서 흔히 '돈은 많으면 많을수록 좋고, 부담 없는 남의 돈이면 더 좋고, 근사한 사무실에, 아이템은 대세 품목이어야 하며 전문 기업 컨설팅을 받으며' 하기를 기대한다. 하지만 현실은 그렇지 못하다. 우리는 독실한 크리스천이었던 '멘토'분들을 통해 그 부분을 철저하게 배웠다.

　그래서 가족과 가까운 친구들의 도움을 받으며 시작했다. 결정적으로 우리의 사업 품목인 '화장품'은 우리의 가족에게서 유래된 것이다. 나와 이 사업을 오랫동안 준비해온 동업자의 부친은 유명 화장품 회사에서 약 40년간 근무하시면서 CEO까지 지내신 최고 전문가 중 한 분이시다. 지인들 사이에 우유빛깔 피부로 정평이 나 있는 우리 어머니와 외갓집 어른들은 평생 외할머니가 직접 만드신 화장품을 사용하셨다. 사회에서 말하는 유망업종도, 인기 있는 최신 아이티 분야도 아닌, 우리에게 익숙하고 잘 할 수 있는 아이템을 선택한 것이다.

　그렇게 시작한 창업의 모든 과정에서 우리는 정말 정직해야 했다. 주변의 도움을 받을 때마다 '우리의 아무것도 없음과 형편없이 부족한 능력, 일천한 경험과 성실하지

—

못함' 등을 고스란히 내보이며 '감사하다. 열심히 하겠다'는 말밖에는 할 수 없었다. 그렇게 주님은 '정직'하게 우리 자신을 내보이는 훈련을 시키셨다. 어떤 허세도, 거짓도, 위선도 허락되지 않았다. 그것은 이내 우리에게 엄청난 열패감과 실패와 좌절을 가져다주었다. 우리가 정직하게 땀 흘린 만큼만 앞으로 나갈 수 있었고, 우리가 낮은 마음으로 기다리고 감사함을 깨달았을 때 비로소 학수고대하던 문이 열렸다.

새로운 사람을 만나거나 고객후보인 국내외 업자들, 소비자들을 만날 때도 우리는 최선을 다해 정직하게 만든 상품과 서비스를 제공하기 위해 노력했다. 그 과정에서 우리가 만난 이들은 '고객이나 거래처'가 아닌 '동업자 내지는 친구'가 됐다. 적은 수익을 위해 서로 신경을 곤두세우는 피곤한 관계가 아니라 서로의 성장을 진심으로 바라는 '윈윈'의 비즈니스 파트너들이 생기고 있다.

처음엔 더디게만 생각되던 회사의 성장은 3년이 지난 뒤에 보니, '다른 어떤 기업보다 견실하고 빠르게' 성장한 것으로 평가되었고, 그 덕분에 정부와 코트라 등 외부의 지원도 받게 됐다. 첫 상품도 잘 정착되어 2, 3호 상품을 기획하고 있다. 이렇게 우리를 힘차게 앞으로 나가게 한 동력은 바로 '정직'이다.

一

Step3 스텝3

1. 정직하게 투명하게 일을 하면서 어떤 경험을 하는지 묵상하고 정리해봅니다. 이득이 있다면 무엇이 이득이었는지, 손해가 있었다면 어떤 손해가 있었는지 정리합니다.

_____

_____

_____

_____

_____

_____

2. 저자는 고객이 모르는 비용까지도 정직하게 돌려주어 큰 신뢰를 얻었습니다. 〈P31〉 152-153쪽 참조 우리 회사에서 투명해져야 할 영역은 무엇인지 돌아봅니다. 이를 위해 내가 할 수 있는 한 가지를 실천해봅니다.

_____

_____

_____

_____

_____

_____

_____

_____

—
—

나의 P31 비즈니스 일기
My P31 Workbook

_____

_____

_____

_____

_____

_____

_____

_____

_____

_____

_____

_____

_____

_____

_____

_____

_____

_____

_____

P31-18

가족의 칭찬과 인정을 받는 회사

Praise that matters

NOTE :

Concept 기본개념

이 말씀에는 여주인과 가족의 관계가 나타나 있다. 자녀들은 어머니의 품에서 자라며 어머니를 사랑하며 감사해한다. 그녀의 남편은 자신의 아내가 세상의 모든 여자 중에서 가장 뛰어나다고 칭찬한다. 아마도 여주인은 집안의 중심이었을 것이며, 가족 성원들 모두가 그녀가 하는 일은 인정하고 믿고 따랐을 것이다.

비즈니스맨도 마찬가지다. 그가 사회생활에서 인정받아 성공해도 가정에서 인정받지 못한다면 그 성공은 절반에 그칠 것이다. 성경에서는 가족의 사랑과 지지를 받을 것을 권면한다. 자녀들의 감사와 축복은 잠언 31장 말씀대로 사업을 할 수 있는 동기가 된다. 저자 역시 가족들에게 투명하게 사업과 사회생활을 나누며, 아무리 바빠도 가족들의 근황을 챙기고 함께하기 위해 최선을 다한다.

그렇게 하면 하나님이 나의 사업을 훤히 알고 있듯이 자녀들도 아버지의 비즈니스를 알게 된다. 그리고 아버지의 가치관을 배우게 된다. 잠언 31장의 비즈니스는 사업뿐만이 아니라 가정의 축복의 통로인 것이다.

Step1 스텝1

1. 저자는 나의 사업이 가족들에게도 부끄럽지 않아야 한다고 말합니다. 〈P31〉156쪽 이하 참조 나는 가정에서 축복과 칭찬을 받고 있는지 묵상하고 어떤 면에서 칭찬을 받는지 적어봅니다.

_____

_____

_____

_____

_____

2. 나는 열심히 사업을 하지만 가족의 칭찬과 축복을 받고 있지 못한다면, 그 이유가 무엇인지 생각해봅시다.

_____

_____

_____

_____

_____

_____

Reference Bible

누구든지 자기 친족 특히 자기 가족을 돌보지 아니하면 믿음을 배반
한 자요 불신자보다 더 악한자니라

디전 5:8

모든 사업은 세상 가운데 자신의 역할을 다하고, 동시에 하나님이 주신 나의 가족을
부양하고 가정을 안정되고 풍요롭게 지키기 위한 데서 출발한다. 하지만 정작 활발하게
비즈니스를 하는 크리스천 가운데 가족과의 관계가 평안한 이들이 그리 많지 않다. 그
것은 어느 순간 가족보다 나의 비즈니스를 섬기는 일이 생긴다. 그 사이 나는 가족들과
점점 멀어진다. '내가 왜 밖에서 그 고생을 하는데…'라고 외쳐도 그 말은 가족들에게
변방의 북소리처럼 의미 없이 들린다. 왜냐면 그들에게는 이미 아버지란 존재가, 남편이
란 존재가 남보다 못한 사람으로 변했기 때문이다.

이 말씀에서 등장하는 또 다른 부류의 가족은 나와 배우자의 부모와 형제자매다.
성공한 사업가는 그 친족들의 기둥이자 희망이다. 하나님께서 만일, 내 가족이 먹고사
는 데 필요한 것 이상의 물질을 허락하셨다면 그 물질의 주인이 있기 때문이다. 그들이
바로 친족과 형제들이다. 도움을 구하러 내게 다가오는 친족과 형제를 외면하지 말라.
특히 배우자보다 배우자의 친족을 더 먼저 살피고 섬기라. 그러면 평생 배우자의 존경
과 사랑을 받게 된다.

Step2 스텝2

1. 일과 가족 중 무엇이 더 중요하다고 생각합니까? 그리고 그 이유는 무엇입니까?

_____

_____

_____

_____

_____

_____

_____

_____

2. 가족들에게 소중했던 순간을 생각해봅니다. 그리고 그때 나는 그들과 같이 있었는지 생각해봅니다. 만일 그 결정적인 순간에 그들과 함께하지 못했다면 그 이유는 무엇입니까?

_____

_____

_____

_____

_____

_____

_____

_____

P31er's story

　2011년, 처음 사업을 시작했을 때, 나는 빨리 성공을 해야 한다는 생각에 몰입해 있었다. 아내가 생기고 아내의 몸에 귀한 자녀가 들어서는 걸 보면서 나의 '성공조급증'은 더욱 심각해졌다. 모태신앙이며 교회에서 '신앙생활의 모범'으로 꼽히던 나는 간곳없이 사라지고 '일벌레'가 되어갔다. 집에서도 늦은 시간까지 고객과 통화하는 걸 당연하게 여겼고, 아내와 딸을 보는 시간보다 사업상의 e-mail을 보내기 위해 컴퓨터 앞에 앉아 있는 시간이 더 많았다. 나에겐 주말에 일을 하는 게 너무도 당연했다.

　그러는 동안 아내와 아이는 자꾸만 일과 고객과 나의 이기심 뒤로 밀리고 있었다. 그런 나를 늘 서운하게 생각하던 아내는 나에 대한 신뢰를 잃어가기 시작했고 결국은 '당신이 열심히 일하는 게 정말 가족을 위해서냐'고 물었다. 그 말에 정신이 번쩍 났다. 나는 변화가 필요하다고 느끼게 됐다.

　우선 저녁에 집에 와서 가족과 식사를 하는 것부터 시작했다. 그리고 그동안은 핸드폰을 무음으로 해놓고 외부의 전화를 받지 않았다. 온전히 아내와 딸과의 시간에 집중하면서 대화를 많이 하려고 노력했다. 그러던 중 〈P31〉을 만나게 됐다. 그런데 놀랍게도 〈P31〉에서 말하는 성경적인 기업의 중요한 조건 중 하나가 '가족'과의 관계였다. 그 이후 나는 가족과의 관계를 회사의 중요한 위치에 놓게 됐다.

　모든 직원들에게 특별한 일이 없는 한 저녁 식사는 가족과 함께 하도록 권유하고 특히 신입직원 면접을 볼 때 이 점을 강력하게 권하고 실천의지를 확인한다. 또한 한 달에 하루는 오전 근무만 하고 퇴근하도록 해서 가족들과 시간을 보낼 수 있도록 배려하고 있다. 이때, 영화 관람이나 식사를 위해 격려금도 지급한다. 이러한 회사 분위기를 좋게 생각한 사람들이 회사에 합류하게 됐다. 능력도 출중하고 경험도 많은데 이전에 일하던 회사의 근무시간이 너무 길어서 힘들어하던 사람들이다.

또한, 특별히 기밀 사항이 아닌 것은 아내와 공유하며 아내에게 내가 밖에서 어떤 일을 하며 어떤 고민을 하는지 나누었다. 가족과 사업에 대한 대화를 나누기 시작하면 점점 불법적인 일을 하거나 부정직한 일을 하지 못하게 된다. 그렇게 가족의 신뢰를 받게 되면 회사에 어려운 일이 있거나 경제적 어려움이 생기더라도 하나님을 원망하거나 신앙을 잃어버린 채 방황하는 상황까지 가지는 않는다. 모든 일을 가족과 함께 나누며 기도하는 가운데 만나는 어려움은 믿음을 흔들지 못하기 때문이다.

그리고 나의 경우는 놀랍게도 아내와의 대화를 하다 보면 사업의 새로운 아이디어와 계획, 그리고 운영에 대한 지혜가 생기곤 했다. 나에게 가족과 시간을 보내는 것은, 단순히 유익하다거나 마땅히 해야 할 의무를 실천하는 차원을 넘어 '누구보다 열정적이고 변함없는 사업의 파트너이자 컨설턴트'를 만나는 시간이다. 그래서 가족은 하나님께서 허락하신 천국의 열쇠라고 나는 믿는다.

Step3 스텝3

1. 가족이라고 해서 내가 하는 일을 알고 이해할 수는 없습니다. 그 때문에 이 이야기의 주인공인 청년과 〈P31〉 저자는, 바쁜 중에도 일과 가족이 조화를 이루도록 하기 위해서 다양한 노력을 하고 있습니다. 나는 어떤 노력을 하고 있는지 적어봅니다.

2. 내 가족을 넘어 아내의 가족이나 그 외에 친족들에게 선한 일을 하기 위해 애쓴 적이 있습니까? 그 내용을 적어보고 그 이후 가족이나 친족과의 관계에 어떤 변화가 있었는지도 함께 적어봅니다.

나의 P31 비즈니스 일기
My P31 Workbook

P31-19

하나님을 두려워하는 회사

The true wisdom

NOTE :

Concept 기본개념

잠언 31장의 지혜를 집약한 장이 30절이라고 할 수 있다. 이 말씀에는 비즈니스맨이 하나님께 칭찬을 받는 이유가 등장하는데 바로 '여호와를 경외함fears the lord'이다. 하나님을 두려워하는 마음, 그 마음이 있어야 잠언 31장의 여주인과 같은 성경적인 경영이 가능해진다.

특히 이 말씀은 결론 앞에 정반대의 예를 보여줌으로서 더욱 그 뜻을 강하게 전하고 있다. 여기에 나오는 고운 것, 아름다운 것은 외모일 수도 있고, 하나님 이외의 세상을 압축하는 단어일 수도 있다. 비즈니스로 말하면 하나님을 두려워하지 않고, 사업 성공이라면 물불을 가리지 않고 행하는 세상적 비즈니스라고 할 수도 있을 것이다. 이 말씀에서는 그러한 것들이 모두 거짓되고 헛되다고 말한다.

많은 사람들이 저자의 성공 비결을 묻는다. 저자는 잠언 31장을 언급하며 하나님의 말씀을 따라 열심히 걸어오다 보니, 좋은 고객들을 만나고 좋은 경영을 배우게 되고 하나님이 두려워서 나쁜 길은 걷지 않기 위해 노력했을 뿐이라고 말한다. 그런 단순한 순종에 하나님께서 축복해주신 것이다.

—
—

고운 것도 거짓되고 아름다운 것도 헛되나
오직 여호와를 경외하는 여자는 칭찬을 받을 것이라 (31:30)

Charm is deceptive, and beauty is fleeting;

but a woman who fears the Lord is to be praised.

Step1 스텝1

1. 하나님의 임재하심을 느끼며 비즈니스를 할 수도 있으며, 반대로 비즈니스를 할
때는 일에만 몰두하며 세상 속에서 살아갈 수도 있습니다. 평소 나에게 비즈니스
와 하나님은 어떤 관계에 있는지 묵상하고 적어봅니다.

_____

_____

_____

_____

2. 본 챕터의 말씀에서는 고운 것과 아름다운 것이 여호와를 경외하는 것과 대비되
었습니다. 평소 나에게 여호와 경외함을 방해하는 세상적 아름다움은 무엇인지
묵상하고 적어봅니다.

_____

_____

_____

_____

_____

_____

Reference Bible

너희 성도들아 여호와를 경외하라 그를 경외하는 자에게는 부족함이
없도다

시 34:9

성도의 성공은 여호와를 경외하는 데에 있다. 마찬가지로 성도의 기업의 성공 역시 여호와를 경외하는 데 있다. 그 성공은 세상적 성공을 말하는 게 아니라 영적인 성공을 말한다. 리더를 통해 주님의 임재를 경험한 구성원들이 거룩한 삶의 방법을 배우고 적은 것으로도 서로 위하며 가족처럼 섬기며 위하는 교회와 같은 공동체가 된다. 그런 공동체가 되었을 때 그들에게 필요한 물질적인 축복과 세상은 줄 수 없는 기적 같은 기회들이 다가온다.

세상은 점점 하나님을 전할 수도, 함께 찬양할 수도 없는 상황으로 변하고 있다. 그럼에도 불구하고 주님을 경외하는 오너를 통해, 하나님의 사랑과 축복을 경험한다면 그들을 통해 복음은 퍼져나갈 수밖에 없다. 스데반의 순교 이후, 성도들이 극심한 핍박을 받아 주변국으로 흩어졌지만, 그곳에서 성도의 삶을 통해 복음은 전 세계로 퍼져나갔듯이. 기업은 사람을 먹여살리는 삶의 공동체다. 생존을 위해 필연적으로 연결되어 있는 구성원들 사이에서 성도가 여호와를 경외할 때, 모두가 함께 하나님을 체험하게 된다.

Step2 스텝2

1. 이 말씀과 마찬가지로 저자 역시 말씀에 근거하여 오직 여호와를 경외함이 비즈니스의 최고의 지혜이자 비결이라고 선포합니다. 우리 중심에 가장 두려워하는 것이 무엇인지 적어봅니다. 만일, 내가 두려워하는 대상이 여호와 하나님이 아닌 다른 것이라면, 그것을 두려워하는 이유를 함께 적어봅니다.

_____

_____

_____

_____

_____

2. 저자는 자신이 두 번이나 심장이식수술을 해야 했던 것을 주님이 주신 선물이라고 선포합니다. 선물을 받은 사람에겐 감사가 있습니다. 주님이 나와 내 회사에 주신 '선물'은 무엇입니까? 어쩌면 주님이 주신 귀한 선물인 줄도 모르고 지내왔을 그것을 찾아내서 적어봅니다.

_____

_____

_____

_____

_____

_____

_____

1//

〈P31〉 책을 접하게 된 것은 예수님을 영접하고 난 후 내 안에 엄청난 변화가 찾아왔을 때였다. 당시 나는 '이전으로는 다시 돌아갈 수 없는' 상태였고, 내 안에서 소용돌이 치는 이 영적인 파동을 정리하지 않고는 한 걸음도 더 나아갈 수 없었다. 복음의 참 의미를 깨닫고 나서는 이전의 삶으로부터 완전한 변화가 필요하다는 걸 알게 된 바로 그 즈음, 〈P31〉을 만나게 됐다. 놀랍게도 이 책은 내가 겪고 있던 그 변화에 대한 정체성을 알려주고 어떻게 방향을 잡아야 하는지에 대해 말하고 있었다. 나는 내 삶의 우선순위가 되었던 음악을 내려놓고 하나님의 뜻을 온전히 아는 데에만 집중했다. 그리고 마치 창업을 하는 마음으로 모든 기준을 다시 세웠다. 이전에도 하나님께서 주시는 영감으로 곡을 썼지만 이제는 그것이 올바른 기준을 가지고 진정한 가치로 쓰이는 것이 너무나 중요하게 되었다. 무엇보다 하나님과 친밀히 연결되어 그분과 함께 음악을 만드는 창의의 비밀과 아름다움을 알게 해주고 싶다. 그분의 사랑이 주체인 음악의 본질을 회복하는 데 나의 사업이 사용되기를 원한다. 하나님의 마음을 가장 잘 헤아리는 영적으로 민감한 사람들이 되어 세상을 변화시키는 아름다운 콘텐츠를 겸손히 만드는 감동이 있는 공동체가 되고 싶다. 그렇게 〈P31〉은 나에게 찾아온 변화의 정체성을 깨닫고 방향을 잡는 데 도움이 되었을 뿐만 아니라 세상에서 찾을 수 없었던, 고귀한 소명을 향해 달려가는 회사를 탄생시켰다.

2//

우리 회사는 출애굽기 18장을 기본으로 회사를 운영하고 있다. 즉 '너는 또 온 백성 가운데서 능력 있는 사람들 곧 하나님을 두려워하며 진실하며 불의한 이익을 미워하는 자를 살펴서 백성 위에 세워 천부장과 백부장과 오십부장과 십부장을 삼아(출 18:21)' 의 말씀이다. 이에 따라 하나님이 말씀하신 능력 있는 자, 즉 하나님을 두려워하는 자, 진실한 자 그리고 불의한 이익을 미워하는 자의 조건을 갖추기 위해 노력한다.

첫 번째 하나님을 두려워하는 자가 되기 위해 하나님과 만나는 시간을 갖는다. 1주일에 두 번, 전직원이 함께 말씀을 나누고 하나님 방식대로 기업을 운영하는 지혜를 배운다. 저녁에 고객과 식사를 할 땐 차를 한 잔 더 하는 이상의 대접은 하지 않는다. 그 이상 갈수록 음성적으로 흘러 하나님이 기뻐하지 않는 일들이 일어나는 것을 원천봉쇄하기 위해서다. 또한 불의한 재물을 경계한다. 언젠가 대표인 내게 과한 선물이 들어왔다. 받은 선물을 돌려주는 게 인간관계를 어렵게 만들 수도 있다는 걸 알지만, 직접 찾아가서 '이런 것 없어도 최선을 다해 도와주겠다'고 설명하고 돌려주고 왔다. 비즈니스 현장에서 이렇게 하려면 일단 행동에 많은 제약을 받게 된다. 하지만, 당신을 두려워하고 경외하는 자녀를 주님은 결코 버려두지 않으신다는 것을 알기에 그 믿음에 의지하여 결단한 바를 실천하고 있다.

Step3 스텝3

- 1. 저자와 다른 비즈니스맨들의 간증을 토대로, 하나님을 두려워하는 비즈니스맨으로서 내가 절제하고 변화되어야 하는 부분이 있다고 생각되면 정리해봅니다. 그리고 실천에 옮긴 후 결과를 함께 적어봅니다.

_____

_____

_____

_____

_____

_____

- 2. 회사 차원에서 생각해봅니다. 하나님을 두려워하는 회사가 되기 위하여 직원들과 내가 함께 지켜야 할 원칙들에 대해 생각하고 정리해봅니다. 그리고 이를 실천한 뒤 결과를 함께 정리해봅니다.

_____

_____

_____

_____

_____

_____

_____

—
—

나의 P31 비즈니스 일기
My P31 Workbook

P31-20

하나님의 언약을 체험하는 회사

The reward, the promise

Concept 기본개념

잠언 31장 마지막 구절에는 하나님이 당신이 백성에게 부어주시는 은혜와 축복이 담겨 있다. 저자 역시 하나님의 넘치는 축복을 받고 있다. 회사가 이만큼 탄탄하게 성장하고 성공한 것도 감사한데, 그 과정에서 좋은 동료와, 은인을 만났고, 가정도 화목하다.

기대하지 않았던 큰 명예도 주셨다. 오바마 대통령이 지명하여 국립건축과학협회의 이사가 된 것이다. 미국의 건축 정책 및 주요 건물 심사 등을 총괄하는 국립건축과학협회는 건축업계 사람들이 선망하는 명예의 전당 같은 곳이다. 국립건축과 학협회의 임원은 21명이지만 이 중 대통령이 임명하는 임원은 종신직이다. 대통령에 의해 후보로 지명됐을 때, 저자는 고민이 많았다. 그러나 이 자리까지 인도하신 하나님을 믿고 후보를 수락했다.

저자는 매일 하나님의 언약을 경험한다. 더 이상 성경과 비즈니스는 다르다고 말하지 말라. 하나님의 뜻과 그 말씀을 믿는 자에게 하나님은 복을 주신다. 세상과 기업은 계속 불안정하게 변화하지만, 하나님의 말씀은 영원하기 때문이다.

—

그 손의 열매가 그에게로 돌아갈 것이요
그 행한 일로 말미암아 성문에서 칭찬을 받으리라 (31:31)

Give her the reward she has earned,

and let her works bring her praise at the city gate.

Step1 스텝1

1. 지금까지 〈P31〉 경영에 대해 배웠습니다. 〈P31〉 경영은 누구나 할 수 있는 비즈니스입니까, 아니면 소수의 사람만이 할 수 있는 영역입니까? 이에 대한 나의 생각을 돌아봅니다.

_____

_____

_____

_____

2. 하나님의 말씀에 순종하며 경영하는 것이 현실적으로 왜 어렵다고 느끼는지 묵상합니다. 그 어려운 마음이 어디에서 비롯되었는지도 함께 묵상하며 기도합니다.

_____

_____

_____

_____

_____

_____

여호와께서 너로 머리가 되고 꼬리가 되지 않게 하시며 위에만 있고 아
래에 있지 않게 하시리니 오직 너는 내가 오늘 네게 명령하는 네 하나
님 여호와의 명령을 듣고 지켜 행하며 내가 오늘 너희에게 명령하는 그
말씀을 떠나 좌로나 우로나 치우치지 아니하고 다른 신을 따라 섬기지
아니하면 이와 같으리라

신 28:13-14

성도의 잘됨은 세상을 위한 것이다. 내 회사의 성공은 아직도 어둠 속에 갇힌 영혼들
을 위함이다. 주님께서 그들을 위해 나를, 그리고 나의 회사를 선택하셨다면 우리가 할
일은 순종뿐이다. 주님이 나를 높이시고 놀라운 축복으로 이 기업을 성장시키실 때, 우
리의 손과 눈길은 세상의 어려운 이웃들을 향해야 한다. 주님은 우리를 높이시고 우리
는 주님이 주신 축복의 에너지로 땅끝까지 나아가 그 빛을 나누어야 한다.

Step2 스텝2

1. 주님이 나와 나의 기업에 부어주신 축복을 세어 적어봅니다.

_____

_____

_____

_____

_____

_____

_____

2. 나에게 부어진 하나님의 축복을 구성원들과 나눠야 하는 이유는 무엇입니까? 또 우리 기업과 회사의 구성원들이 누리는 특별한 축복이 세상에 알려져야 하는 이유는 무엇입니까?

_____

_____

_____

_____

_____

_____

_____

_____

P31er's story

〈P31〉을 통해 나는 하나님이 당신의 기업을 세우시는 공통된 방법을 다시 한 번 확인할 수 있었다. 먼저 사람을 선택하시고 한 분야에서 충분한 경험을 쌓게 하신 뒤, 그 영역에서 빼내어 하나님의 눈으로 새롭게 그 영역을 보게 하신다. 그리고 종의 경험을 통로 삼아 당신의 콘텐츠로 그 어두운 영역을 밝혀가신다.

미디어 분야에서 20년 넘게 일했던 나에게도 주님이 찾아오셨고 같은 과정을 거쳐서 회사가 탄생했다. 그런데 막상 회사를 시작하자 주님은 세상으로 튀어나가려는 나를 계속 막으시는 한편, 낯선 사람들을 보내셔서 엉뚱한 장소로 가게 하셨다. 오늘은 이 사람, 내일은 저곳, 하나님이 인도하시는 대로 끌려다니는 동안 주님은 까마귀밥으로 나를 먹이셨다.

그렇게 5년여가 지난 뒤 남아 있던 어느 날, 겨자씨 한 톨을 주셨다. 나에게 그 겨자씨는 주님의 마음이 가득한 오래된 실화였다. 나는 놀랍고 두려운 마음으로 그 이야기를 세상에 흘려보낼 일꾼들을 보내달라고 기도했다. 그러자 한 사람 한 사람 이야기의 수레꾼들이 찾아왔고 이제 곧 대중들이 쉽게 만날 수 있는 콘텐츠가 되어 세상에 전해질 예정이다.

첫 번째 콘텐츠를 세상에 내보내는 과정에서 나는 세상의 다양한 사건과 역사적 사실 속에서 주님의 마음을 발견하는 눈을 갖게 됐다. 그러고 보니 온 세상이 주님의 이야기로 가득했다. 죄에 빠진 세상을 구하기 위해 예수님 한 사람을 보내신 것처럼, 어둠으로 병든 미디어를 회복하시기 위해 주님은 나의 눈을 바꾸셨다. 같은 사람이라도 주님의 눈으로 보면 소중하듯, 주님의 시각으로 보면 어둠의 도구도 생명을 살리는 도구로 사용될 수 있음을 알게 됐다. 사실, 내가 이전에 만들었던 세상적 이야기도 주님의 복음을 담은 이야기가 될 수가 있었던 것이다. 아직 이 회사는 외형상 8년 전이나 지금이나 변한 것이 없다. 하지만 지금 우리는 주님이 허락하신 이야기의 우물에서 세상으로 전해질 아름다운 이야기들을 퍼올리고 있다.

이 놀라운 축복을 경험하면서 내가 다시 한 번 확인한 것이 있다. 하나님의 축복은 우리의 어떤 공로로 인해서 우리에게 오는 것이 아니라는 것. 온전히 하나님의 계획에 의해 시작되어 우리에게 쏟아 부어진다는 것. 그리고 우리를 선택하시고 찾아오시고 이끄시며 세우시고 마침내 우리의 찬양을 받으시기까지. 그 모든 과정이 우리를 향한 주님의 은혜라는 사실이다.

Step3 스텝3

1. 저자는 자신의 인생을 오병이어라고 표현합니다. 드린 것은 보리떡 다섯 개와 물고기 두 마리였는데 주님께서 그것으로 5천 명을 먹이고도 12광주리를 받은 축복받은 사람이라고 고백합니다. 주님은 우리에게도 '너희가 먹을 것을 주라'고 하십니다. 나는 오병이어를 드릴 준비가 되어 있습니까? 아니라면 나를 방해하는 것이 무엇인지 생각해봅니다.

_____

_____

_____

_____

_____

2. 저자는 'my plan is no plan', 즉 자신의 생각이 없다고 말합니다. 하나님의 주권을 인정하는 회사가 되기 위하여, 오늘부터 내가 실천할 〈P31〉경영법을 하나 이상 정리해봅니다.

_____

_____

_____

_____

_____

_____

_____

—
—

나의 P31 비즈니스 일기
My P31 Workbook

Summary

Level 4를 은혜 중에 잘 마치게 되었습니다.

전 과정을 함께 하면서 특별히 기억에 남는 것들을 정리해봅니다.

AMTRAK 30th Street Station,
Philadelphia, PA

부록

P31

회사 설립 목적 및 동기
The Story Behind TimHaahs

Timothy Haahs 한국명 하형록 회장는 1994년 첫 번째 심장이식수술을 받은 후, 하나님과 이웃들에 헌신하기 위하여 Timothy Haahs & Associates 회사이하 팀하스를 창립하였다. 그는 회사를 운영함에 있어 성경적 믿음과 가치를 실천하고자, "우리는 어려운 이웃을 돕기 위해 존재한다."는 사훈을 내걸었다.

In 1994, upon recovering from his first of two heart transplant surgeries, Timothy H. Haahs founded "Timothy Haahs & Associates, Inc." (TimHaahs). With a renewed sense of purpose, and the conviction that God had a higher purpose for his life, Tim was clear on the mission of his firm: We exist to help those in need (Proverbs 31:20).

팀하스의 사훈은 어려움에 처한 이웃들을 직접 돕는 것뿐만 아니라, 의료, 종교, 자선 단체들을 후원하는 회사의 끊임없는 헌신을 통해 실현된다. 이러한 팀하스의 사회적 헌신은 단순한 형식적 후원이 아닌, 회사가 자신의 이웃들에게 최상의 서비스를 제공하고 자신들의 분야에서 인정받는 리더로 자리잡음으로써, 자신들의 사명을 실천할 수 있다는 공동체적인 믿음에서 출발한다. 팀하스의 전직원들은 이러한 회사의 사명을 공유하고, 하나님으로부터 받은 자신들의 재능과 달란트들을 그들의 분야에서 효율적으로 활용해나가기 위해 노력한다.

TimHaahs' mission is achieved through the firm's unwavering commitment to assisting medical, religious, and charitable organizations (as well as individuals) directly involved with helping those in need. This commitment is supported by the collective belief that the mission can be accomplished by providing services that are not merely adequate, but distinguished, thus positioning the firm as a recognized leader in its chosen field and profession. Each TimHaahs staff member shares this commitment and uses the best of their God-given abilities and talents in their specific areas of expertise.

특히, 팀하스의 핵심 가치들은 회사의 사명을 실천하고 회사를 경영해나감에 있어 중요한 역할을 담당한다. 회사의 직원들은 매우 신중하게 선발되는데, 이는 회사의 경영과 핵심 가치들에 대한 개인들의 참된 헌신을 확신받기 위해서이다. 팀하스의 이웃 사랑 실천의 문화는 전직원들의 일상생활 속에서 조금이라도 더 남을 돕고, 정보를 신속하게 알리며, 신뢰받을 수 있는 열린 의사소통의 구조를 유지하고자 하는 회사의 핵심 가치들을 실천하려는 그들의 공동체적인 노력에 의해 실현된다.

TimHaahs' core values serve as the firm's guiding principles. Staff members are carefully selected to ensure a genuine personal commitment to the values embodied in these principals. The firm's culture of going the extra mile, informing, and keeping open, respectful lines of communication, thrives on staff members' collective dedication to engage the core values in the course of their day-to-day work.

P31은 이같은 팀하스의 사훈과 핵심가치를 실천해가는 과정에서 중요한 지침목이 된다. 첫 심장이식수술을 받기 위해 병원에서 6개월이 넘게 심장을 기다리는 동안, 하형록 회장은 성경을 읽으며 심신의 안정을 취했다. 성경을 읽어내려갈수록, 그는 하나님께서 자신을 위해 더 큰 계획과 목적을 갖고 계시다는 확신을 갖게 되었다. 그래서 그는 하나님

께서 자신에게 주신 재능과 달란트들을 어려운 이들을 돕는 데 쓸 방법을 찾아 나섰고, 잠언 31장 10-31절에서 그의 사명 즉 하나님께서 주신 해답을 찾았다. 잠언 31장 23절의 겸허한 리더쉽, 20절의 긍휼, 11절의 진실됨, 17, 18, 27절의 성실함, 16절의 자생력과 경제적 검소함까지, 수많은 잠언 31장 구절의 진실에 격려받아, 그는 이들 말씀을, 그가 회사를 경영하고 어려운 사람들을 돕고자 하는 계획의 밑바탕으로 삼았다.

These core values and P31 evolved out of life experiences that tested Tim's faith. As he waited in the hospital for more than six months for his first transplant, Tim found solace in reading the Bible. As he read, his heart burned with the conviction that God had a higher purpose for his life. He was compelled to find a way to use his God-given talents and abilities to help those in need. It was right there in the Bible that Tim found his business plan - Proverbs 31:10-31. Inspired by truths of P31; servant leadership [31:23], compassion [31:20], trustworthiness [31:11], industriousness [31:17–18 & 27], resourcefulness & fiscal prudence [31:16], and many more, Tim adopted Proverbs 31:10-31 as the foundation on which he would build and lead his business and achieve his mission to help those in need.

이같은 잠언 31절 10장-31장의 말씀은 TimHaahs의 채용 후보자들의 인터뷰에도 사용되고, 회사의 신입사원 오리엔테이션에서도 소중하게 활용된다.

Proverbs 31:10-31 is shared with TimHaahs employment candidates at interviews and is carefully studied with each new staff member as part of the firm's new employee orientation.

이 후 기재되는 TimHaahs의 가이드 라인은 현재에도 회사 운영에 중요한 가치관으로 자리하고 있습니다. TimHaahs는 이 가이드 라인이 많은 분들께 도움이 되어 참된 비지니스의 초석이 되길 바랍니다. 아울러, 사용하실 때에 P31 Business에서 출처된 정보임을 밝혀 주시길 바랍니다.

보다 효율적으로 팀하스의 회사 운영 가이드 라인 사용을 원하시는 분들은 아래의 'P31 비지니스' 웹 사이트에서 다운로드하실 수 있습니다.

We encourage the contents of this book to be a resource for your own business endeavors. Please credit 'P31 Business' when using these contents. Visit 'P31 Business' website to download more resources :

http://www.p31business.com

사훈
Mission Statement

우리는 어려운 이웃을 돕기 위해 존재한다
"We exist to help those in need."
잠 31:20 Proverbs 31:20

- 우리는 어려운 이웃을 **직접적으로** 돕기 위해 개인뿐 아니라 의료, 종교, 자선 단체를 돕는 데 **중점을 둔다.**

  WE EMPHASIZE assisting those medical, religious, and charitable organizations (as well as individuals) directly involved with helping those who are in need.

- 우리는 이 미션을 완수하기 위한 최고의 방법이 우리의 전문직과 우리 기업이 속한 업계 가운데 **인정받는 리더**가 되는 것이며, 단지 적절한 서비스가 아니라 **탁월하게 차별화된** 공학 및 건축 서비스를 제공하는 것이라고 믿는다.

  WE BELIEVE that the best way to accomplish this mission is to become a recognized leader in our chosen field and profession, and to provide engineering and architectural services that are not merely adequate, but distinguished.

- 우리는 하나님께서 우리에게 **허락하신 달란트**인 우리 능력의 **최선**을 다해 건축 설계, 구조 공학, 주차 빌딩 상담, 프로젝트 관리를 담당한다.

  WE WILL USE to the best of our abilities our God-given talents in Architectural Design, Structural Engineering, Parking Consultation, and Project Management.

근무원칙
Core Values

- **엑스트라 마일을 실천하라** 고객, 거래처, 그리고 동료들을 향해, 한 걸음 더 나아가라.
  연인의 마음으로 그들을 대하라 (잠언 31:24, 마태복음 5:41)
  Go the extra mile for clients, vendors and co-workers. (Proverbs 31:24, Matthew 5:41)

- **보고를 잘 하라** 고객과 직원들에게 적절한 시기에 필요한 정보를 제공하라 (잠언 25:11)
  Keep clients and staff informed. (Proverbs 25:11)

- **반드시 그날 안으로 리턴콜과 이메일을 하라** 고객의 신뢰를 얻기 위해 그들의 요구에 신속한 조치를 취하고, 후속 조치를 행하라.(잠언 13:4)
  Return all calls & emails on the same day. (Proverbs 13:4)

우리의 원동력
Our Driving Force

우리의 원동력은 최상의 설계 서비스를 제공하고자 하는 우리의 열망이며, 이를 통해 우리는 어려움에 처한 이웃을 돕는다.

Our driving force is our desire to provide quality design services that will enable us to help those who are in need.

우리의 원칙
Our Principles

- **직원만족**
  Employment Fulfillment

  - 직원들이 기업 목적Corporate purpose을 존중하는 것과 동일하게 직원 개개인의 필요를 존중한다.

    Respect each employee's personal needs as they respect the Corporate purpose.
  - 직원들에게 필요한 교육을 제공하고 포상과 인정을 통해 지속적으로 동기를 부여한다.

    Keep employees motivated with necessary training, recognition, and rewards.

- **팀으로서의 성과**

  Corporate Accomplishment as a Team

  - 개인이 아닌 팀 단위의 기업 이미지를 강화한다.

    Enhance corporate image; recognize the team, not just the individual.
  - 우리 공동체 가운데 어려움에 처한 이들을 돕는다.

    Support those in need in our community.

- **최상의 서비스**

  Distinguished Quality of Service

  - 품질문화를 장려한다. Encouraging a culture of Quality.
  - 무결점을 향한 목표의식을 확고히 한다. Goal of zero defect.
  - 혁신적이고 한결같은 디자인을 추구한다. Innovative and timeless Design.

모든 회사의 규칙 및 가이드라인은 잠언 31:10-31에 기초합니다.

우리의 태도
Our Attitude

우리 기업의 목적을 성취하기 위해 우리가 반드시 지켜야 할 태도는 다음과 같다.

These are the attitudes we must maintain to assure the implementation of our company's purpose:

- 인간적 차원의 자질 – 고객의 손을 잡아주는 것, 만나는 모든 이들에게 친절을 베푸는 것.

  Quality at the human level – embrace our clients and show courtesy to everyone we meet.
- 전 직원에게 완전하게 열린 경영을 실천한다.

  Complete, open management style for entire staff.
- 사람과 가족을 소중히 하는 가치관을 세운다.

  People, people, people – place people first and uphold family values.

우리의 강점
Our Competitive Advantage

- 기업의 사명을 진심으로 믿는 직원들의 동기

  Motivation of individuals who sincerely believe in the company mission
- 직무의 전문성

  Professional expertise
- 최상의 서비스

  Distinguished quality of service
- 개별적인 관심

  Personal attention

Our Foundation is the entire chapter of Proverbs 31:10-31.

P31
성경대로
비즈니스하기
워크북

WorkBook

감수

채수권 목사, 전 팀하스(TimHaahs) 이사, 현재 (재)기독교선교횃불재단

강팔용 한국 청지기 아카데미 대표

김성중 목사, 장로회신학대학교 교수

P31ers (무순)

임성준(다름인터내셔널), **김돈희**(유영메탈), **이지연**(브릭파트너스), **김도은**(머스크라인),
김대선(옐로우 래빗), **서학수**(대성창투), **박갑윤**(내셔널FP), **조수영**(더브레드앤버터),
장태빈(H.I.S Exclusive), **이수진**(잼팩토리), **이시우**(다큐PD), **조셉 김**(미국 스마트웨일컨트롤),
도현명(임팩트스퀘어), **윤남희**(SEAM), **박한울**(천연공방)

P31 성경대로
비즈니스하기
워크북

지은이   하형록
초판발행 2017. 1. 12.
등록번호 제25100-2016-000054호
발행처   P31 비즈니스 스쿨, 국제제자훈련원
영업부   02-3489-4300

책 값은 책표지 뒤에 있습니다.
ISBN 979-11-959015-0-0